教育好门
源具潛化

古德云信善人度潛德之
此光誅奸排挤没此的
民自具潛破拾林書

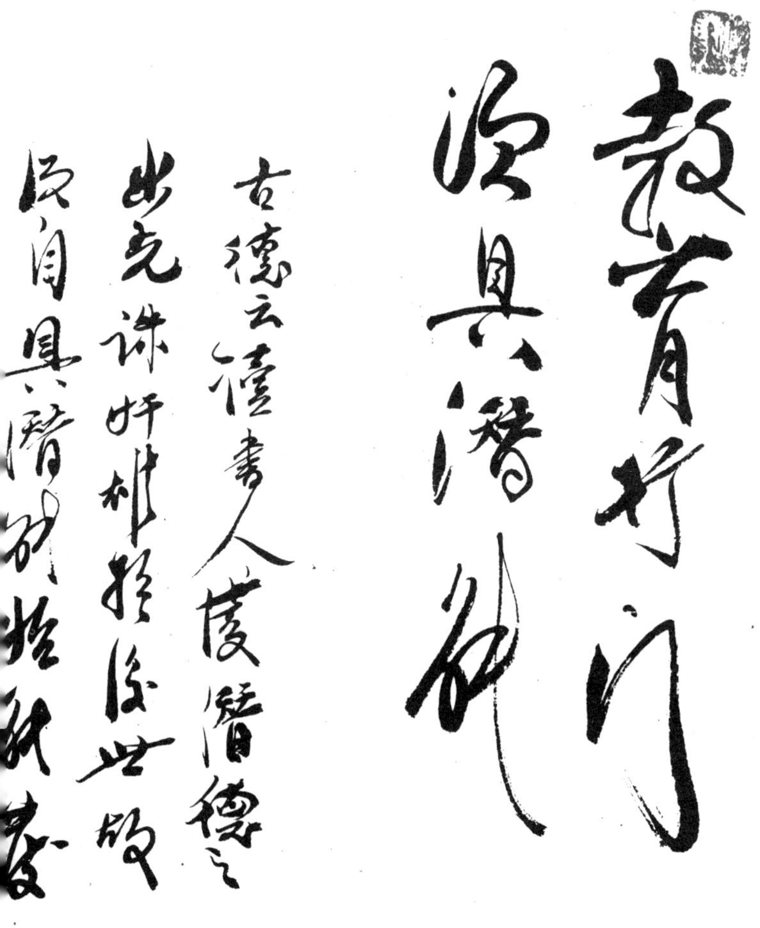

三民叢刊173

晴空星月

馬遜著

三民書局印行

[illegible]世之混濁乃覺之教育
本願本質
[illegible]校長五旬華誕前
華梵設大之慶謹說
晴空皓月從[illegible]山
丁丑季夏
曉雲於桃月明軒

母親的信

孫淡寧

蓓兒：你出掌「華梵」，我的感受是：一半喜，一半憂。

你少年時，就有以佛教精神溶入教育的宏願，認為給新生代灌輸知識的同時，應該培養慈悲、無私的情操。

我常說，知識與為惡是成正比的，知識愈高，為惡愈烈。換言之，知識成了為惡的工具。原子彈投下廣島，杜魯門總統伸手向奧本海默道賀，這位原子彈之父合十道：「我不能和你握手，因為我的手上沾滿了鮮血。」

知識使他發明原子彈，當他發現殺了這麼多人，他後悔，可是太遲了。從此，奧本海默開始研讀佛經，表示懺悔。有人勸慰他，原子彈阻止了更多的屠殺，他仍不能釋懷。

多少年來，道德逐漸淪落，唯一能維繫人心，防止罪惡的，只有宗教。今日給新生代培養佛陀的慈悲、寬恕、捨我的精神，是非常非常需要的。

去「華梵」，是你的選擇，也是你要實現理想的選擇，我很贊成，但不無憂慮。

你生長在外婆家，爺爺奶奶和養育你的姨媽都是虔誠的佛教徒。可以說，你是在佛教家庭生長的。在你還不懂得佛教的幼年，你已經接受了和平、無私、為他的薰陶。再加上馬、孫兩家幾代忠厚善良的基因，塑成了今日的你。當你對我說，你要終身以發揚佛教為職志。我瞭解，也尊重你的心願。只是告訴你，不必拘泥於形式，只要堅持信念，必能達到你的理想。

「華梵」是弘揚佛教教育的高等學府，一如天主教的「輔仁」。宗教意識較濃，不同於一般大學，不過這「不同」，僅只是擁有宗教精神，也可說是加強了道德教育。宗教是嚴肅的，但宗教的嚴肅是戒律的嚴肅，信奉一種宗教，必須遵守該宗教的戒律，表現在言語、行為上，當然較沒有宗教信仰的人嚴肅些。我認為，過於嚴肅，往往造成人與人之間的疏離，這是教育工作者的一大忌諱！成功的教育態度，是關懷、是愛護，盡可能撤除師生間的藩籬，親近學生、瞭解學生，藉以觀察教育進度、對與錯。同時讓學生傾吐其學習，生活上所遭受的困難，予以指導、勸慰、灌輸做人的法則。

教育工作不是做官，學生不是蟻民，學校不是商店，學生不是購買知識的顧客，否則，將有怎樣的後果，是不難想像的。

就讀「華梵」的學生，並不全是佛教徒吧？更不瞭解佛教精神，若要使學生純淨、安詳、有慈悲心、好品格，就得從他們思想上紮根，硬繃繃的說教、約束，遠不及親和教育有實效。我常說：「必須深入群眾，才能摘除未萌芽或是已萌芽的不良意念。」相信你對此已有相當的瞭解。

真正的教育，不是墨守成規而是不斷改進。你要培植知識道德兼備，將來為國家，為佛教能做出貢獻的人才，一定要建立新的教學風範。

講建立新學風，談何容易？任何新事物，必會遭到舊習的抗拒；必須結合有心的教育工作者，以堅定不移的原則和鬥志，排除困難，為「華梵」奠定一個完整、堅實的基礎。我絕對能肯定、可預見的將來，「華梵」不僅是最能培養完人的高等學府，也是最大發揚儒佛教育精神的源地。

曉雲法師的苦心悲願，才能得以完成，華梵護持委員的期望，才能得以達到，你一生的夢想，才能真正的實現。

要創新，當然有一段很艱苦的路程。你做事，從來是肯苦幹的。但處人，卻過於遷就，遷就是隨和，隨和當然是好事，但要知道，太隨和會給人軟弱的印象，雖無損你個人，但由於這印象會構成你處事的阻力。你是有個性、有主張的人。隨和不過是表示謙虛、禮貌而已。

我的建議是：只要是為公，而不是為私，有時不隨和一點，也是必要的。

多少年來，你的教學環境十分單純，同事相處極其融洽，對待學生如子侄，這是我和你父親感到最欣慰的。現在你出掌「華梵」，完全處理行政，與過去的情形大不相同。這對你來說，是變動，是挑戰。我絕對不懷疑你的能力，但憂慮你在變動與挑戰中所承受的壓力。爸媽都老了，你不想影響我們的情緒，怕我們擔心，即使有壓力，也會默默的讓自己承擔。不肯向爸媽傾訴。不過，蓓兒，你瞞得過在狂風駭浪中翻滾幾十年的老媽嗎？

蓓兒：人生是變的，而且必須要變。沒有不變的人生。趁年輕，要創造，創造的本身就是變，要不斷的變，才能進步。有些變，是漸進的，比較容易接受、適應；有些變，是「突發」的。你去「華梵」，應屬後者。雖有心理準備，由於事實與心理準備終究不可能完全相符，總難免有困擾。你又太固執於事事求完美，於是形成壓力。

再說，你或多或少遺傳了我超越世俗、野鶴閒雲、無求無諍的性格。只是，我傲慢，甚至有些兒尖銳；你謙和，頗能忍耐。現在，你換了個新環境，一時間，有野鶴難飛、閒雲停滯的感覺，因而產生了孤獨感，這也是壓力。

如果我的分析沒有太偏差，那麼，我要告訴你，這只是突然改變必有的心理狀態。不要煩惱，放寬胸懷。除了工作之外，一切依舊，不必改變自己的生活方式，更不必自我囚禁，這種壓力，自然逐漸會消失的。

這裡，再叮囑你，你不能因工作的變動和朋友疏離。這對你今後的推廣校務很不好的。例如，留德同學，依舊要經常聚會。留德的人，喜歡喝啤酒，你受了戒，大概不能喝了吧？不妨以茶相陪，同樣可以暢談天下事、談笑歡聚，保持原來的友誼，說不定他們也會成為護法。

還有你要在自己房裡買一架電視機，這是資訊時代，報紙太慢了，生活在這年代，世界動態，隨時要注意，要清楚，稍隔時日，便有與世脫節的感覺。要是突發事件，更需電視上立即轉播。身為教育工作者，不能不抓緊社會脈搏。電視是反應社會型態的工具，怎能缺少？還有，一天工作下來，當然疲倦，沏一杯茶，獨自安靜下來看笑劇、或「包青天」，舒展一下緊張神經，是絕對需要的。我唯一的要求，是你不要把自己卡進一種框框。我要的，是身心健康的女兒。

這裡，用四個字來預祝我兒成功：

一、慧——運用你的智慧對待人與事。

二、勤——勤於思考，勤於檢討、勤於修正。（你從來就勤於工作，所以我不多提了。）

三、勞——任勞任怨、勞而無怨，一切為了「華梵」。

四、和——俗語說的好：「萬事和為貴」，這「和」中，包含「敬」的意思，敬「無私」、敬「經驗」、敬「誠意」。

你要像過去一樣，多與學生接近，切不可高高在上。我想佛陀接近眾生，就是便於教化眾生吧？如果這話不合佛家的語言，那麼，我就說：「革命者深入群眾，是為瞭解群眾的疾苦。」你要接近學生，才能知道學生的問題。

「一日為師，終身為父」這兩句話，並不是專用來教訓學生，永遠記住老師的恩情。同時，是要教育工作者以愛護子女、教導子女、撫慰子女的態度對待學生，師生間若有距離，這一切就無從做起了。學校是一個大家庭，身為家長之一的你，必須和學生建立如父如母如子如女的感情，那麼教育才會收事半功倍之效，你明白的。

祝

兒

一切順利，心情愉快！

姆　媽（寄自美國）

一九九五年十月十六日凌晨

自序

大崙山紅日已西沉，一輪明月，冉冉東升。晴空萬里，夜色如銀，星月交輝，大地似錦，俯仰蒼穹，頓時興起虔敬讚美之心。清涼水、清涼月、清涼風，在這一清涼世界，疲勞一掃而空，此刻方可舒展身心。

屈指一算，來到華梵大學主持校務已有兩年餘了。這兩年多以來，終年住在山上，深居簡出，以校為家，殫精竭慮，不辭勞苦，追隨著曉雲導師的步履，以發揚中華傳統文化與佛教教育精神為己任。對我的生活、甚至人生觀，都發生了不少變化。《晴空星月》就是在大崙山上完成的。全書包括兩個部分。「大崙寄語」主要是寫給年輕朋友們的話，而「佛教教育」則是蒐集多年來赴各地演講的文稿，大多篇幅皆與佛教教育有關。作為教育工作者，我覺得開放的胸襟和氣度是必要的，眼光要朝遠處看，凡事要忍耐。記得早年學佛，使用過「羼提」作為筆名。「羼提」是梵文，譯意就是一個「忍」字。來華梵就職前，我曾在佛前跪誦

《金剛經》，至「知一切法無我，得成於忍」句時，略有領悟。主持校務，面對全校教職員生，為學校未來遠景，必須建立制度、突破創新。所以必須學習：「和為貴，忍為高」。世事無常，人生多變，沒有看不破，放不下的。恩師樂果老和尚常開示於我：「所謂忍者，內無能忍之人，外無所忍之相。」往昔恩師時以佛法慇慇垂教，回想起來，似有深意。

這半年來，為了改名大學，卯足了全力。終於在八十六年七月九日傍晚，接獲教育部通過改大的喜訊。華梵是一所對教育有著強烈使命感的學府，不但要發展科技，更要提倡人文。生長在日新月異的廿一世紀，人生價值觀在變，傳統的道德倫理不斷接受挑戰，而新秩序的再造與重整，在在需要研究深思。因此大學更應該加強教育的理想。我個人認為，除了教學、研究與服務外，大學教育的理念，應當加上中國傳統教育的「明德」，希望藉著知識分子道德良知的提昇，運用智慧來感化人心。

對此晴空，夜涼如水，月色如皎、星光燦爛，我當以聖人之志自勉。

一九九八年二月十五日

晴空星月　目次

輯二　佛教教育

輯一　大崙寄語

早讀與晨運

大崙山的清晨，天色微曦，仰望蒼穹，殘月疏星。五時許，方見第一道曙光升起，推開窗戶，迎面而來是撲鼻沁心的馨香。這等芬芳的清新空氣，可是大崙山之瑰寶，如何忍讓此刻在睡眠中悄悄溜走呢？

因此，我好希望，熟睡的同學們能夠早起，吸取新鮮空氣，洗滌我們的心肺，鍛鍊強壯我們的體魄，或者讀讀書，或者跑跑步，年輕人若能持之以恆早起晨運，有益身心健康，同時可練就一副強壯的體魄。

時下一般年輕人，常常讀書熬到深夜，或者在電腦前上網路、玩遊戲，即使是悠閒娛樂，也喜歡去KTV唱歌。他們大都習慣晚睡晚起，導致生活日夜顛倒，生活頹廢、形容憔悴，喪失了青年人所應有的朝氣和活力。其實，在我們的週遭，早起晨運雖然仍是十分流行，只是仔細觀察，大多數是些中老年人，他們在公園裡散散步、跳跳舞、打打太極、練練氣功，活動筋骨。運動後一副神清氣爽的樣子，拎著早點回家。我總是帶著欣羨的眼光，來看待這種洋溢著溫馨氣氛的社區文化，我深信這是一股欣欣向榮、穩定社會人心的力量，值得全民大力推廣。

「早起」本身是一種生活教育，我們常說：「一日之計在於晨。」而英諺亦有“The earlier bird catches the worm”，因為人在一天中，頭腦最清醒的時候就是清晨了，記得二十五年前的臺大晨間的校園，在傅園裡、傅鐘下或是綠蔭深處，隨時可以見到帶著收音機學習英語，或是手裡捧著書，來回踱著方步的年輕學子，那種沉醉於字裡行間、和內心世界的模樣，看來十分溫馨感人。而校園到處是附近的居民，和熱愛運動的大學生，有的練劍、有的練拳、有的跑步、有的打球，今日這種景象已不復多見。而意外的，有一回我去參加安徽大學學術研討會時，重睹昔日光景。早起的學生，散佈在校園每個角落，他們或是勤奮讀書，或是做運動。時移境遷，可惜不是當年的臺大校園。我覺得，臺灣的年輕人需要奮起直追了。加州理工學院的翁玉林教授，和任教於馬利蘭大學的舍弟馬可教授都曾經跟我說過，近些年來，臺灣出國留學的青年，程度上有顯著的降低，而大陸出國的留學生，卻無論在學業、研究及工作能力方面，都有相當傑出的表現。所以我極力希望在大學校園中，提倡「早讀」和「晨運」，讓校園重新充滿書香活力與朝氣，在晨運時，彼此相遇打個招呼，還可以因此拉近人與人之間的距離，消除人際間的疏離感，多結交一些好朋友，也能形成校園中的一種文化和特色。

談服務教育

服務教育是生活教育的一部份，可以說是「覺之教育」的起點，華梵大學學務長高維新說：「若是真能落實服務教育，覺之教育也就成功一半了。」因為有「覺」，才懂得服務別人。

任何宗教，都強調犧牲奉獻、服務人群，而大學生以勞動作為服務的方式，始於東海大學，而如今各大學校也都認識到它的重要性，紛紛設置「勞動教育」或是「服務教育」。目前各大學的服務教育，主要包括環境的美化和整潔的維護。環境美化能帶給人心靈的喜悅。大學的校園，充滿如畫的景觀，應該愛護它，維護它的整潔。所謂：「仁者樂山，智者樂水。」華梵大學位於大崙山上，除了清潔環境外，也開闢農園提供師生種植菜蔬，從事農作。年輕人應常常接近自然，塵勞得以淨化，人際糾紛減少，心胸自然受到陶冶而豁然開朗。

我們每天生活的校園環境，卻常因同學們缺乏公德心而顯得髒亂。我認為髒亂所代表的是不長進與不文明。許多人去大陸，會嫌他們一些城市髒亂，尤其是公廁；而到歐美國家，卻會欣羨他們的整潔。尤其是德國，以 Sauberkeit（乾淨）與 Ordnung（秩序）聞名於世。我以前在阿亨(Aachen)求學時，住在麻嬸太太(Massen)家，她幾乎天天無時無刻不在洗洗刷刷。每個星期六整個城市更是家家戶戶大掃除，每家除了屋內的清理外，還要延伸至公用的樓梯，或是屋外的花圃，否則就會遭受到左鄰右舍的批評。我們常說的一句話：「中國人清潔是為了生活，而德國人生活是為了清潔。」顯然並不過火。這一種生活習慣，確實也養成了德國人自幼勤勞肯幹的民族性。我感覺到一個民族，若要讓人瞧得起，必須要有朝氣、有精神，而這必須從環境清潔做起。我們提倡環保，並不贊同去圍工廠、反核示威，而是首先由自己做起。

除了環境的維護外，「心靈環保」也很重要，這是人本身品質的提昇。我們都知道，外在的環境賞心悅目，會對人心產生潛移默化的功能。進一步，可以消除人內心的汙垢，如貪、嗔、痴、慢、疑、自私、妒忌，這就是做心靈的環保。曾子曰：「吾日三省吾身」，佛法倡導反觀自心，當正念昇起時，就可以滌除內心的汙垢。如神秀大師所說：「時時勤拂拭，莫使惹塵埃。」如此人格方能提昇，同時人際關係亦可改善。佛陀在日，常教弟子念「拂塵掃垢」，周利槃陀伽終於悟得「外在的塵垢掃除，內心的塵垢亦應掃除。」唐朝的百丈禪師說：

「一日不作，一日不食。」更是強調勞動服務的精神。人生以服務為目的，所謂「人人為我，我為人人」，誰又能離群獨居呢？

語文的力量

二十一世紀，是人口爆炸、知識爆炸的時代，年輕人如果不能作好充份準備，將來面對複雜多變的時局，經不起挑戰，則必然會被時代所淘汰。

雖然在大學時代，年輕人充滿熱情與朝氣，應該享受青春燦爛年華，然而，光陰稍縱即逝，四年匆匆過去，你有多少的收穫呢？最近我聽到教育部長吳京說：「小學生要大玩；中學生也要讀書，也要玩；大學生則要少玩，而應全心投注於自己的學業。」我認為這話說得很對。大學教育是為未來作準備，應好好把握光陰充實自己。

我一直認為，語言能力是現代青年必備的條件，而語言當中，當然中文是最為重要的，不僅因為它是我們的母語，而是自從大陸採開放的政策以來，中國人在國際舞臺上所扮演的角色，愈來愈重要，學中文的人，也愈來愈多，根據估計，全球將有十四億人口說中文，遲早中文也將會成為國際語言。

其次就是英文，英文是基本的溝通工具，目前是全世界各國最通行的共同語言。我們立足臺灣、放眼世界，不能不重視英文。通曉英文不單能敏捷掌握全球傳媒訊息，而百分之七十的科技書籍與論文，也都是用英文發表的。

常聽到許多年輕朋友覺得英文困難，我都會著急。過去我所指導的一位研究生，當時他的研究算是一種稀少性的技術，同時他也擅長於電子儀器的使用，做事踏實認真，可惜為人較為木訥，不擅於表達自己。一天，我發現一家歐洲大公司請人，工作的性質很適合我的學生，便向負責人大力推薦，可是這一份工作，需要每個月向外國經理作書面及口頭報告，這位同學就是英文差，不敢去應徵，放棄了機會，真是太可惜了。

我覺得學好語文，並不是一件難事，只要下定決心，肯下功夫。我是十一歲那年才從大陸到香港的，當時香港是殖民地，小孩子自幼同時學習中英文兩種語言。剛到香港時，小學畢業生已讀了六本 Oxford English，而我必須從 abc 開始學習。一時間我也無法掌握到小學六年所教的英文字彙，為了應付考試，我只得勤讀文法，反覆練習。一年下來，竟獲得全班英文第一。

中三那年暑假，父親買了許多的英文書籍，由 Simplified、Abridged 至 McMillian 十大部古典文學(Classics)，鼓勵我和弟弟閱讀，還要求我們每天寫英文日記。我們一大早便帶著書本上天臺，一直讀到陽光佈滿每個角落。記得我第一本看的是*Vanity Fair*，好生好澀，其實並不是我所喜歡的類型，單是第一頁，就幾乎滿紙的生字。我每個字都查，仔細的讀，還把好句子寫下來，當一本書看完，弟弟已經看了好幾本了。他的讀法和我不同，他不查生字，用一種看故事的心情來讀書。當看過兩、三本後，生字就少了很多，我也開始選擇故事精采的名著，由史帝文生到狄更生，從魏爾斯到法、俄文的經典譯作，因而奠下了英文的基礎。

我自小便立志有一天赴德國留學，中五那年在歌德學院開始學德文，因為一週僅三小時的課，壓力不大，成績也很好。可是當我真正來到德國後，才知道仍是不夠。德國的考試，多是採取口試。我的無機化學鑑定考就是口試，我請教授指定考試範圍，那是Christian和譯自英文的Cotton兩大巨著，單看書本的厚度就夠唬人了。當我挑燈夜戰時，只見德文的句子好長，每個單字都認識，只是看不懂整個句子，兩天下來，毫無進展，心中好著急，乾脆耐心把長長的句子拆開來，慢慢分析，這是主詞、副詞、形容詞。如此反覆練習，一週下來，突然豁達暢通，句句明明白白，當時心中的快樂真是無法形容。

有一位留德學長，他的德文是頂呱呱的。他的經驗是每一次查生字都用螢光筆作個記號，若是第二次查到同一個字時，就會特別留意，若是一再查到同一個字時，他就會責備自己不用心了。

生活在地球村，人與人之間的距離，愈來愈近，天涯咫尺，語言的溝通是非常重要的。同時值得一提的是，作為現代人，電腦語言的使用，也是必須掌握的。「資訊」是改變人類歷史的第三波，擅於使用電腦及資訊網路，必能贏得先機，而主導局勢。在現今多元多變、而競爭激烈的社會中，多學一技之長，就多增添一份力量，所謂："Wissen ist Macht"（知識就是力量）。多學一種語言，使自己的接觸面更為廣闊，增加自己面對世界的勇氣和信心。

為慈母點燈

中國人的傳統美德，重視「孝」道，這是人倫的根本，也是西方文化所缺乏的。所謂「百行孝為先」，要復興中華文化，首先必須提倡孝道。母親節的到來，使我想起養育恩深的姨媽，心中悔憾交集，真有「樹欲靜而風不止，子欲養而親不待」的感慨。獨自憑欄，填了一闋〈三臺令〉：

無名，無名，愁來憶念慈親。未允銜環結草，來生許報深恩。
悲鳴，悲鳴，肝腸斷意難伸。
沉吟，沉吟，遙望青山疊陳。簾外霏霏細雨，寂靜悄無人聲。
冰清，冰清，只此可證禪心。

母親節快到了，特別鼓勵同學，舉辦了一項活動：「為慈母點燈」。就是以一顆虔敬的心，在佛前點燃一盞明燈，心中為母親祈福壽，消災障，以表達作為兒女的一份孝思，這是非常崇高可貴的情操。

所謂「千室幽冥，一燈即明」。「燈」代表光明，能掃蕩黑暗，而「黑暗」常是無明，煩惱、邪惡的象徵。佛教講點心燈，是為淨化自己的心靈，泰戈爾說過：「不要忘了替你的心燈添油。」《般若波羅蜜多心經》有：「觀自在菩薩，行深般若波羅蜜多時，照見五蘊皆空」文。其中所謂「照」，是觀照自己的內心，既然是「照」，則必有「光」。菩薩以「般若心光」（智慧之光）向內心觀看。舉凡學佛的人，亦應時時不忘觀照內心。如此，雜念妄想，煩惱無明，貪嗔癡念，在心光返照之下，無所遁形，如此才會產生警覺心、慚愧心，甚至懺悔心。只有不斷反省警覺，人才會不斷成熟進步。

母親生我育我，功大彌天，五月的母親節，雖然是西方人所發明，為闡揚孝道，在一年中，應該訂有一天向偉大的母親致敬。而「點燈祈福」，是最好的表示孝心的方法。當然，你也可以送給母親一枝康乃馨，康乃馨是直譯自英文Carnation。此花在我國亦有生長，其中文名原為「石竹」。根據文獻，中國人另有母花，就是萱花。亦即「萱草」，俗稱金銀花。在山間田野，經常可以看到一整片開得燦爛的金銀花，可以當藥，亦可佐膳，清脆可口。詩云：

「誰知寸草心，報得三春暉。」古文中，「萱」字可作「諼」。而「諼草可以忘憂」，因此，又名為「忘憂草」，兒女孝則母無憂，以忘憂草以慰慈心，我覺得很有意思。

母愛是人倫中最偉大的愛，孩子們遇到疾病挫折，會向母親傾訴，母親會竭盡其能照顧，保護她的孩子，以「萱草」代表母親，似乎比康乃馨更有意義呢！

費曼的故事

昨夜我靜靜的拜讀了理查費曼的書《你管別人怎麼說》，書中有一則淒美感人的愛情故事，是關於這位本世紀的科學奇才費曼與他第一任夫人阿琳。使我進一步認識這位科學巨人有情有義的一面，內心不由深深為之感動。以往我會有時心懷偏見，覺得外國人的情感不及中國人深厚。而今證明這是一種錯誤的觀念。尤其當我們回頭看看臺灣的離婚率，高居東南亞之首位，就毋庸多言了。

理察費曼在中學時代便愛上了阿琳，然後展開愛情長跑，當他獲得博士學位後，正待籌備婚禮時，不料他二人如彩繪的美好將來，卻被阿琳突而其來的疾病改變了顏色。費曼並不因阿琳身染惡疾而離棄她。他不但娶了她，還悉心的愛護她，照顧她。阿琳則隨著費曼工作崗位的變動，前後更換了幾間醫院，費曼每逢週末，不論晴天下雨，都抽出空間來陪伴他的愛妻。當阿琳的父親從紐約趕來探望纏綿病榻的女兒時，頻頻說道：「我受不了了」，而費曼卻必須長期默默的承受這種煎熬，我感覺到真是十分難能可貴。如此經歷了五年的折磨，阿琳終於與世長辭。我們都知道，照顧慢性病人，對親屬而言，是件不簡單的工作，病人的身體復健、病人的情緒，都會造成不輕的負擔，箇中滋味，如人飲水，冷暖自知。所以俗語說：「久病床前無孝子」，就是這個道理。

現代人的家庭觀念，愈來愈淡薄了。回想起過去中國傳統的婚姻，是憑著父母之命，媒妁之言；婚前談不上愛情，在舊禮教下，離婚是家族的羞恥，所以即使婚姻如何不幸福，也不著興離婚。封建制度下的婚姻，不幸的當然是女人，男人可以擁有三妻四妾，而女人則必須嫁雞隨雞、嫁狗隨狗，過著沒有自我的日子。當原配過世後，男人可以續絃，而女子卻必須守寡。那個年代的婚姻，還可能發生妻妾爭寵的問題，以及非嫡系的孩子在家中地位卑微，受到欺壓。但是極少離婚情形發生，孩子也較少因父母離異而受到傷害。現在的年輕人，是自由戀愛選擇對象，可惜好景不常，婚前是盲目跟著感情走，婚後則轉眼變成怨偶，於是離婚率竄升。最大的社會成本，正是來自這些破碎的家庭，給孩子帶來的悲慘和不幸。

今天這個時代，民風開放，西風東漸，女子不再講究婉約含蓄之美，男人追求女人天經地義，女子追求男子亦是稀鬆平常。電視節目由過去的「我愛紅娘」，轉型成為今日的「非常男女」，所討論的話題更是百無禁忌，不禁令人搖頭嘆息。不久剛上過節目認識的一對男女，不到幾個月，就穿得光鮮華麗的婚紗出現在鏡頭前，令人不得不感慨，時代真的不同了。

其實，我所擔心的，是青年人對婚姻的認知是否足夠。人類是一種複雜的動物，除了感情，應當還有理智。比方兩個來自不同家庭及成長背景的個體，待人處世的立場和態度，以及人生價值觀必然有異有同。青年人由相識相知，到相親相愛，必須經過一段時間的交往，才能深入了解對方的個性。不是所有的「一見鍾情」都能持續長久的，除非經得起時間的考驗。此外人與人的相處，免不了會因意見不同而產生磨擦。有些人口裡雖然不說，卻因著細故而心裡不悅，日積月累，誤會愈來愈深，於是就瓦解了彼此間的感情。所以我奉勸年輕朋友們，婚前先做朋友，多交往，多了解；婚後才容易彼此適應，相互包容，才不致演變成婚姻的危機甚至成悲劇。家庭是國家社會組成的基本單元，是愛的開始，也是愛的延續，所以只有和融幸福的家庭、才會生出健康良善的下一代。唯有家庭教育成功，社會才會安和樂利。所以說：身修而後家齊，家齊而後國治，國治而後才能天下太平！

談交友之道

人生在世，除了親情和愛情以外，最可貴且不可替代的就是友情了。所謂：「觀其交遊，則其賢不肖可察也。」要認識某一個人，要先從認識他的朋友開始，因為物以類聚，英諺也說："Birds of a feather flock together."當一個人走順境時，自然是朋友很多，其中不乏阿諛奉承者，走逆境時，朋友就比較少，但卻都能以真誠相待。中國人有句老話：「患難見真情。」人的一生，不可能全然走順境的。所以只有經得起時間考驗的，才是真正的友誼。英諺也云："A friend in need is a friend indeed."

交朋友是有階段性的，比方說，有小學時代的朋友，中學時代的朋友，大學時代的朋友，也有工作時代的伙伴，這些朋友，由於特定的時間和空間的結合，所謂因緣聚會，彼此有過一段共同相處的歲月。嚴格說起來，稱不上是知心朋友。在今天的社會，人際關係愈來愈複雜，感情也愈來愈淡薄。推心置腹、肝膽相照的朋友已不復多見了。但是話得說回來，想別人如何對待自己，首先要看自己如何對待別人。好的朋友仍需要用心來認識，友誼的花朵也需要時間細心栽培。《論語》中有一句話說：「無友不如己者」，我想：「如果孟嘗君只選擇結交權貴為友，當年恐怕就無法保住他的性命了。」每個人若都只交比自己強的人，恐怕任誰都交不到好朋友。若一心只想結交地位顯赫、或是學識能力高超的人，就未免太勢利了。人與人之間的交往是互惠的，何況人人都各自有其優缺點，高道淳曾經說道：「取人之直，恕其戇；取人之樸，恕其愚；取人之介，恕其隘；取人之敏，恕其疏；取人之辨，恕其肆；取人之信，恕其拘。」這一番話，真是交友的不二法門呢。要多發揮自己長處，彼此影響，把朋友當作一面鏡子，取人之長，補己之短，則人人向善，個個專業有成。

與朋友交往，貴在誠信，能不能憂戚與共。所謂：「易得無價寶，難得有情人。」古人的「士為知己者死」，或是「為朋友兩肋插刀」，這些都是建築在情義上的友誼，今人多重利忘義，見色忘友，真正的知心朋友是不容易得到的，所以說：「得一知己，終身無憾。」朋友好比美酒，越老越好，越沉越香，英諺也說："Make new friends but don't forget the old, one is silver, and the other one is gold."

從廣義言，「四海之內皆兄弟」，俗語說得好：「在家靠父母，出門靠朋友。」我是個喜歡結交朋友的人，不拘老少男女，也不拘本地他鄉人。依照我的經驗，美國人是比較容易成為朋友的，但是"easy come, easy go"，交情比較不長久。德國人交友則十分謹慎，卻較能耐久。依照德國人的習俗，初相識時，都是以某某先生、太太、小姐，及尊稱的「您」(Sie)稱呼對方。一旦雙方都願意成為朋友時，則有一方提出請求：「我可以和『您』稱『你』嗎？」若是得到對方的同意，他們會再度介紹自己的名字（但不連姓氏），從此兩人間就用暱稱的「你」(Du)來交談。最有趣的是，同一個單位工作了幾十年的老同事，還經常都是以 Sie 來 Sie 去的，實在不可思議。只有年輕一代較為瀟洒，認識不久就開始 Du 起來了。

人生在世，誠心待人，多交益友，是非常重要的。所謂：「友直、友諒、友多聞」，如此互相勉勵，彼此扶持，多一位朋友，多一分助力。在人生的道路上，會走得更安樂而自在。

誰最幸福

每個人的一生中都可能經歷許多挫折，許多磨難，許多痛苦，人生彷彿水月鏡花，南柯一夢。佛經中有八苦，即生、老、病、死苦，求不得苦，愛別離苦，怨憎會苦，還有個五蘊熾盛苦。生老病死，我們是熟知的。至於求不得呢，例如我想要金銀財寶，洋房鑽石，得不到時，苦啊！與心愛的人，生離死別，例如昨天飛機失事，五個好端端的年輕人死了，嬌妻稚子傷心哪！白髮人送黑髮人，父母更痛苦，這就叫做愛別離苦。例如同事之間，相處不睦，發生磨擦。婆媳不和，夫妻子女之間，反目成仇，這叫做怨憎會苦。心中的無明貪嗔癡，如火熾然，叫做五蘊熾盛，也是很苦的啊。如果這些苦，我們還沒有親身經歷到，只需到醫院走一遭，看看那些重疾纏身的病人，有的還必須忍受孤獨貧窮之苦。而侍候在旁的親人，同樣忍耐著身心煎熬，也是很苦的呢。

人的一生中，有責任也有義務。生命的價值和意義，究竟在那裡呢？幸福又在那裡呢？

佛經裡有這樣一則故事，從前有一位皇帝，覺得自己的日子過得很苦，每天處理朝政國事，給他很大的壓力，平時生活在深宮內苑裡，不能隨便走開。他覺得做皇帝真沒有意思，是件非常痛苦的事情。於是他微服出巡，走到田野，見到一位種田的老人，坐在樹下歇息，他見老人閉目養神，神情十分悠閒，覺得他很快樂。

於是他問這位老人：「你真幸福啊！」老人嘆了一口氣，說：「我們種田人，口含黃土背朝天，有什麼幸福可言呢？」這時皇帝知道種田人並不快樂，就問：「那你覺得什麼人最幸福呢？」「那還用問嗎？當然是皇帝啦。」老人回答說。那位皇帝已經知道種田老人天天辛勞耕作，早出晚歸，並不快樂。就想道：「我雖知道他不快樂，但他並不知道我作皇帝，也不快樂，我要讓他知道。」於是就與他喝酒，老人醉了，皇帝令人把他扶進宮裡，並吩咐皇后說，這幾天要把他當作皇帝看待。

老人一覺醒來，發現自己睡在龍床上，宮女們噓寒問暖，給他吃山珍海味，自己身穿錦繡龍袍。老人想：「唉呀！我怎麼會變成皇帝的呢？這不是在夢中吧？」但心中覺得很高興。因為他吃得好、住得好，還有宮娥婇女唱歌跳舞，他真是非常快樂。第二天一早，侍者催著他上朝，文武大臣已候在金鑾大殿請示。這件事如何決定，那件事如何辦。一整天下來，老人頭昏腦脹，苦不堪言。第二天還沒上朝，已經怕得直打哆嗦，但是還是得硬著頭皮上朝，第三天亦復如此，老人非常苦惱，三天過去了，他已經覺到做皇帝的痛苦。此時，皇后就跟他說：「皇帝啊，你太累了，我陪你喝酒吧。」於是老人又醉了。然後侍衛把他抬回到最初休息的大樹下。

他一睜開眼睛，見到那位陌生人還在身邊，以為自己做了一場皇帝夢。此時真皇帝又問啦：「老人家，你真的覺得皇帝幸福嗎？」這時老人說：「不，皇帝一點也不幸福，皇帝很苦呢。」「那世上的人，誰最快樂呢？」老人說：「我也不知道啊，前面有座廟，廟裡有位極有智慧的師父，我們去問他。」

於是二人來到廟裡請教師父：「世界上最幸福的人，究竟是誰呢？」老師父對他們說：「世界上究竟誰最幸福，我也不知道。但是我肯定，如果眼光只能看到自己鼻尖的人，自私自利，一定不快樂。一個人要快樂，最重要的眼光要放遠，心量要放寬。盡自己的能力和智慧，做有意義的事情，對人類有所貢獻，這樣的人一定快樂。」

我有一位朋友，在學校門前擺個小攤賣水餃。汲汲營營，談不上快不快樂。有一天，他聽別人談到「為善最樂」的道理，回家途中，就捐了一袋血。突然間感到心中暢快無比，覺得自己做了件很有意義的事情，也肯定了自己生命的價值，從此更是為善不落人後，認識了許多善友，也豐富了他的人生。

傳統與新潮

傳統通常是由一個社會或族群所承襲的一種文化形態，是經過長時間累積的生活方式。新潮則往往是由少數人所帶動的流行時尚，大多經不起時間的考驗而遭到淘汰。傳統有其歷史的淵源和價值，而新潮就像一陣風，是暫時的。德國有句諺語：「時間是試金石」(Zeit ist der Prüfstein)。經得起時間考驗的，才有真正永恆的價值。然而傳統常為人所熟知，缺乏新鮮感。新潮的事，則多被好奇一族，尤其是年輕人，趨之若鶩。

校園中聽到有同學提及：「校長是留德的，所以不應該反對新潮前衛的觀念和看法。」我是在香港長大的，香港是一個十分洋化的英國殖民地。我父親教書，母親辦報，所以思想觀念都不保守。我的母親還是虔誠的天主教徒，每年的耶誕，家中都少不了一株華麗的耶誕樹。但另一方面，每年的除夕清明都要祭拜祖先，即使現在他們移民海外也不例外。

我個人從來不趕時髦，也不會道聽塗說。身為知識分子，凡事應多冷靜思考，不要一窩蜂，才不會被人牽著鼻子走。人云亦云，只不過鸚鵡學舌而已。是非價值要有判斷的能力，才不會混淆不清。

我在德國生活了八年，當年的阿亨城(Aachen)，中國人寥寥可數。除了德國同學，我也認識了許多德國家庭，我與德國朋友感情極為深厚，而他們留給我最深刻的印象，是富而有禮，勤勞樸實，整齊清潔的優秀德意志民族的文化傳統與精神。而他們的執著保守而嚴肅的生活處事態度，正是他們成功的原因。一般的德國家庭，一點也不時髦。當全世界都吃著McDonald Hamburger 時，德國人還是吃馬鈴薯。甚至看黑白電視，或不裝電視的都大有人在。他們欣賞古典的歌劇和音樂會，幾乎是生活中所不可或缺，這也充分顯現出一種文化的品質。

今天只見美日的流行風潮充斥整個寶島臺灣，大多是粗製濫造的內容：如牛仔褲，漢堡包，搖滾樂，和漫畫書。博大精深的中華文化，傳統道德，不受重視，有如明珠蒙塵。所以曉雲法師常說：「中華文化，孔孟思想不是這個時代所講求的，我則是人棄我取。」可是我們不要忽略，如今在世界各地，已漸漸展開嚮往東方文化的熱潮。我擔心有一天中華文化的研究，反而是由日本人作先導。為了擷取傳統文化中的精髓，保留對社會人類有價值的成分，為了維護自己祖先的文化遺產，教育下一代的炎黃子孫，年輕朋友們，想想我們是否也應有所承擔呢？

談「腦內革命」

香港僧伽會會長、倓虛老法師的大弟子寶燈法師圓寂了，曉雲導師親自率領修慈園長、悟觀法師和我赴港參加追悼會。這一位長老，創辦三所學校，功德巍巍。早年修般舟三昧，九十天不坐不臥，只可以行走念佛，其中艱苦，自不可言喻。我們平常人不要說九十天，恐怕連九天也辦不到。

且不提法師的修行，單一樁事就令我內心十分感動。那是在寶燈法師年輕時，每天要挑十擔的水，但他卻主動向倓老請工作，說他的身體強壯，可以挑二十擔。試想一般人通常都好逸惡勞，推卸工作。怎麼可能自討多餘的工作做呢?其實這就是凡聖不同的地方。理論上人人可以成佛，個個可以成聖賢，但大多數的人，都缺乏那一份希聖希賢的毅力和決心。許多人都知道崇拜聖人、讚嘆賢人，卻不能身體力行聖賢之道。可見人的慣性和惰性是十分可怕的，總會找一些藉口來原諒自己。

華梵校園內有一座「百丈寮」，唐朝有位百丈懷海禪師，非常重視勞動服務，他履行著「一日不作，一日不食」。出家人用膳的處所，稱為「五觀堂」，所謂五觀者：「計功多少量彼來處，忖己德行全缺應供，防心離過貪等為宗，正事良藥為療形枯，為成道業應受此供。」可見用食之不易。

最近我看了春山茂雄的《腦內革命》，最令我興奮的就是書中證明「我們的身體，要我們正面思考，要我們做好人。」當人們生氣緊張時，腦內會分泌出去甲腎上腺素；感覺恐怖時，會分泌腎上腺素。這些物質都是有毒的。而思想純正的人，腦內會分泌出一種良性的荷爾蒙，叫作β內啡肽，如同嗎啡一樣，會使人情緒舒暢，所以被稱為「腦內嗎啡」，還可以增強身體的免疫能力，甚至擊退癌細胞。因此，作者以醫生的身份，建議人們面對問題面對困難時，需「正面思考」。

作者又說明，根據馬斯洛的人類需求理論，有五種層次：生理的需求，安全的需求，愛與歸屬的需求，尊重的需求和自我實現的需求。生理和安全需求，是與動物相同的本能慾望，而被愛、被尊重和自我實現等則為高級腦（大腦新皮質）之運作。基本的需求者，如美食當前，產生強烈的慾望，腦部會分泌令人舒暢的「腦內嗎啡」，當食飽後，腦內自然分泌一種GABA以調節之，人不再為任何美食所動，這就是一種抑制的作用。同樣的，若是壓力沉重時，所分泌之去甲腎上腺素過多，也有抑制性的血清素荷爾蒙產生。只有在人類運用高級腦、盡心盡力為社會人類創造幸福時，則不會有抑制的物質 GABA 產生，相反的，腦內還會源源不斷的分泌出令人暢快的β內啡肽，對人體的健康和預防疾病都有幫助，這真是天意！換句話說：就是我們的身體鼓勵我們多做有益人類的好事情。而唯有如此，我們才會愈活愈健康。

這真是一件令人振奮的新發現呢！

不動如山智如海

昨天我參加了一場由救國團所主辦的「新興科技與人生價值的省思研討會」，這一個主題其實與「人文教育關懷」關係十分密切。因為在科技及資訊工程發展日新月異的今天，我們必須深入思考探討這些新發明、新發展對文化所帶來的衝擊。如此在這一股排山倒海的巨浪中才能屹立不搖、沈著穩健的堅守自己的原則，既站在時代的尖端，又能進能退、可攻可守，這是需要慈悲、定力與智慧三重力量，才能辦得到的。

工研院董事長孫震先生所說的一番話發人深省，他提醒我們將面臨一個嶄新的時代，正如工業時代替換農業時代一樣，資訊時代已將替換傳統的工業時代。而這一新的洪流，對政治、經濟、社會、文化、教育等各個層面所帶來的衝擊十分強烈，身為廿一世紀的一份子，我們必須對於這一種新文明有所認識、有所回應，從人文關懷的角度出發，以調整人際關係及建立社會的新秩序。

談到工業時代與資訊時代的分歧，孫震教授作了這樣的闡述：第二波（工業時代）的特徵，就是凡事講究巨大，如 Mass Production, Mass Society, Mass Medium 等，政、經、文化都是以多數人(Majority)的利益為前題。如今第三波（資訊時代）的特性，則是由於電腦資訊的發達，產生了一種新文化，那就是不同族群、不同意見、以及不同的價值標準，都會通過電腦傳媒、網際網路而浮上檯面，且毋遠勿及。尤其在政治上，政府將窮於應付這許許多多來自各種不同少數人(Minority)的意見和聲音，因此衝突將在所難免，若仍以第二波的「絕對」思考方式來處理第三波的問題，將導致更大的困難。

面對此一大環境的變遷，我們理應冷靜的思考，對人事物所須抱持的態度與看法。我記得曉雲法師有一幅畫，畫名為「不動如山智如海」。年輕人無論身處如何的驚濤駭浪，一定要把握住一種基本的價值觀，或稱作「做人的原則」。有了這種價值觀或原則，才能以不變應萬變，而成為亂世的中流砥柱，這就是「定」。面對困難時，由於「定」，才能冷靜的思考問題，且獲得解答，這就是「慧」。這種價值觀必須經得起時間和空間的考驗，所謂放諸四海以為準。例如「反求諸己、寬以待人。」「無私無我、奉公守法。」不論何時何地，凡事替別人想想，聽聽別人的聲音，開拓自己的胸襟，追求生命的真義。在努力加強專業知識的同時，還可以培養一些能讓自己心靈獲取養分的嗜好，如欣賞音樂、美術、文學等。

由於新文化所帶來太多不同的族群，不同的聲音，因此學習與別人溝通，容忍不同的意見，是未來人類必須走的路。為了讓這條路走得順暢而輕鬆，加強人與人之間的相互尊重和諧的關係是必要的。我認為「新秩序」還是應該建築在舊有的倫理道德上，人類和平共存才有希望。

規劃屬於你的一片天空

每個人的一生，都有童年、少年、青年、壯年和老年各個階段。當一個階段過去了，就不可能再回頭。子曰：「逝者如斯，而未嘗往矣！」因此趁著青春年少，我們應該對自己的人生作出周密的生涯規劃。將心胸放大，把目光放遠，朝著自己的理想和目標，一步步穩健踏實的向前行去。

我們該當如何規劃一生呢？因為人都有階段性的責任和使命。隨著年齡的增長，扮演不同的角色，負擔不同的工作，履行不同的義務。作為時代青年，我們應朝學業、品德、處世、家庭及生活各方面，擬定出一些計劃，然後循序實現。泰戈爾曾經說過：「當時間經過你的門口，你有沒有和它握手？」就是要擅於利用時間，規劃生涯。

作為大學生，最重要的還是把書唸好，不要入得寶山空手回。除了專業知識以外，在踏入社會以前，還需要做那一些的準備工作呢？

這是一個知識爆炸的時代，掌握資訊就能掌握先機，開創未來。臺灣正在規劃「亞太營運中心」，可以預見的是，國際化與現代化的步履更加快了。交通的便捷，縮短了人際間的距離。充實自己的語言能力，加強中文與英文的素養，甚至更多學一種語言，多增加一分實力，是聰明的抉擇。

大學生是知識青年，要敦品勵學，修身養性，培養溫柔敦厚的君子風度，這是成功的要訣。以「美德嚴身」，比穿戴珠寶翡翠更受人敬重。學習謙卑、忍耐、寬容、慷慨、熱心助人，更要時時反省，曾子三省其身：「與人謀而不忠乎？與朋友交而不信乎？傳不習乎？」時下社會亂象，都是由於自私、自利、自大、自狂、自我膨脹，而不知自我約束所造成，身為知識份子，需引以為鑑，不可隨波逐流。

至於待人處世，是人生的重要課題。要學習如何表達自己，關心別人，建立良好的人際關係。誠懇、寬恕都是最好的方法。當然外貌服飾整潔、健康活潑、端莊大方、彬彬有禮，都是結交朋友的必要條件。

當我們踏出社會，到了一定的年紀，有了事業基礎，就開始準備物色對象，組織一個屬於自己的家庭，這也是需要有規劃的事情。現在社會上有許多婚姻不幸福，輕率的結婚，又輕率的離婚，皆因彼此間缺乏真正的認識，也不了解責任的意義。一見鍾情的夢中情人，比較不可靠，因為大多是被對方的外貌吸引，古人有云：「娶妻取德」，不可不慎。

「愚者生存，智者生活」，生活的每一環節，都是需要規劃的。要學習做生活的藝術家，設計與勾劃出生活的品質。為了達到理想的生活，經濟方面的分配，更是一門大學問。如存款、購屋、父母的贍養、子女的教育，以及自己退休養老，當然都是層層密密的規劃。

在目前的階段，要充實自己的學識，不單認真讀好書，也要加強自己的常識和思考能力。鍛鍊強壯的體魄、培養待人接物、進退應對的能力，作為規劃未來人生的資糧。

談談人文教育

早年的臺灣，政府為了謀求在科技方面能與先進國家並駕齊驅，擠身開發中國家的行列，全力鼓吹科技生根及協助產業之開拓與發展，四十年來收到相當大的效果。製造了臺灣的經濟奇蹟，而無論學校、家庭亦盡心輔導年輕學子，學習自然科學及工程、醫學等，一般認為比較實用的科技。優秀的人才大多投身於理工醫的行業。

時至今日，臺灣社會起了很大的變化，有由技術導向漸趨服務導向之勢。社會愈來愈開放，也愈趨多元化。富裕的生活，繁華的表象，造成現實的人生觀，物質享受成為人類追求的標的。學生們忙著打工，教授們忙兼課、演講，沒時間寫書做研究。有時中文翻譯書籍常會由研究生分別翻譯後，總集成冊出版，這也是功利思想，速食文化所帶來的結果。我們教育的失敗，是人心缺乏一個主宰，一套價值觀，致使人心迷失，向外追名逐利，內心不平安，這就是人文教育的危機。

今天的臺灣社會物質生活太富庶了，精神層面顯然不足。記得五十年代的學生，生活比較清苦，較懂得珍惜其所擁有。我認為一個年輕人，應當經過一番磨練，才可能有輝煌的成就。所謂「由儉入奢易，由奢入儉難。」孟子也說：「天將降大任於斯人也，必先苦其心志，勞其筋骨，餓其體膚……」。所謂「貧能養志」，人在困難中才懂得奮發圖強，物欲只能消磨志氣、腐蝕人心。現在的年輕人都不太能吃苦，好逸惡勞，我覺得這是國家無形中的一大損失。

當務之急，是取得人文與科技之間的均衡發展。過分偏重科技，對人文發展是有阻礙的，即使一個人的專業技術懂得很多很深，若其所學與人生及社會不能發生關係，則無法找到正確的方向，而只能在人海中沈浮。

科技缺乏人文，有如盲人騎瞎馬；人文缺乏科技，社會無法繁榮進步，也不能夠配合時代的腳步前進。記得有位教授曾經講過：「人類的技術可以登陸月球，而人類的思想可以毀滅地球。」更令我們感覺到人文精神的重要。

外國的科學家一般都具備有較完整的人文素養的薰陶，其中尤以愛因斯坦、海森堡等最為傑出。科技若無人文的平衡，將成為人類之禍而非福。如原子能之父奧本海默，由於他的發明，造成危害世界和平的原子彈，其死後雙手合十，以示懺悔。科技若無人文思想的道德基礎，是十分危險的。

作為教育工作者，我認為，人文教育必須加以大力提倡，回歸至以「人」為本位的教育模式。現在臺灣社會，許多家庭父母，也會讓小孩們學習鋼琴、小提琴、練字習畫，認為這就是人文素養。我以為這是不夠的，所謂修養「文質彬彬」、「溫文儒雅」、「誠於中，形於外」的具體表現，還是要鼓勵讀書，尤其是中國古書，還要加強教育。使成為「富而好禮」的社會，培養善良風氣，使暴戾消弭於無形，才是眾人之福，臺灣也才有希望。這份工作，教育界要推動，宗教界更要推動，因「心淨即土淨」，我們有能力來建設改變自己的家園。

另一方面，接近大自然，能夠促使心靈趨向淨化祥和。綠化的環境，也綠化我們的心，開展我們的胸襟，培養恢宏的氣度。青山翠谷、鳥語花香、夏天的落日、冬天的雲海、月夜繁星、竹林松影、黃鸝白鷺、蜂鳴蝶舞，大自然的寶藏太豐富了。站在高山上，俯瞰而下，人、車、屋宇何其渺小？「我」亦何其渺小？「我」又怎能不謙卑呢？強調「個人主義」的思潮，常帶來一些混淆的價值觀。人變得自私、自大、自我中心、自我膨脹、自以為是。「斯世於今亂象多，人心多已失中和。」這是大書法家梁寒操先生的詩句，也是現今社會的寫照。我認為「和諧」是強調東方人文所應具有的氣氛和特色。

東方人文教育之精神與特色，以儒家的孔子，及佛陀最具代表性。東方的人文教育，若以佛儒為例，則需具有以慈悲精神，道德倫理，心識教育為主體的特質，因這種教育，是改變人心的巨大工程，是無形的，須長時期的薰陶，「人師」比「經師」更重要，所以教育家本身必然是德高望重，始能以身作則，影響別人。與西方（科學）知識的傳遞，馬上即能看見效果不同。

人文精神的落實，對人類心理腐化、道德淪落，可作徹底的改良。發揚儒佛精神，可挽狂瀾於既倒。

談禪

今天的研討會是「禪與管理」，我藉這個機會談一談我對「禪」的看法。禪原是人人皆具有的，其最高的境界為正定。時時刻刻生活在定中，清清朗朗，明明白白，不輕易受外境所影響，就是「禪」。

佛教的禪行者有不同的修禪法，如寶燈長老修的「般舟三昧」，九十天不坐不臥，是「行三昧」；如虛雲老和尚、廣欽老法師禪坐經月不起，修的是「坐三昧」；還有「文殊三昧」，非行非坐，將「禪」落實在生活中。所謂挑柴運水，無非佛法，時刻安住禪中，所以說：「行也禪、坐也禪、行住坐臥體安然。」

現代人一心多用，同時間思想著許多件不同的事情。一件還沒想完又想另一件，所以心思紛紜、纏繞不清。這種心，佛家稱為妄心、攀緣心、分別心……並不是我們的真心。

那麼我們的真心在那裡呢？《楞嚴經》裡阿難七處徵心，阿難以為心在內、在外、在中間……？每答一處，世尊就加以反駁。阿難的心，彷彿就像一隻小鳥，停在那裡都被打起。禪宗有牧牛圖，喻牧心如牧牛，將心比喻成一頭大蠻牛，一位好牧人要依著十個步驟，漸漸將心馴服調柔。佛法是「治心之學」，佛經中又謂調心如調絃，要恰到好處。

例如維摩詰居士的妙喜國、阿彌陀佛的極樂世界、藥師佛國琉璃世界，都是清淨、殊勝、莊嚴的，而我們生活的是娑婆世界，卻被稱作為五濁惡世。所謂「心淨則國土淨」，娑婆世界的眾生心，甚難調伏，除了大菩薩乘悲願來度眾生以外，一切人都是帶「業」而來，業力會拖著我們走，惡業使人為惡，善業使人行善，因此要「轉識成智」，就是自己度自己，也稱為「自轉法輪」。

「自轉法輪」不能靠祖師禪，祖師禪是用「參」的，現代人雜事太多、心思複雜，無法專心，絕不可能在一念之間頓悟。所以「自轉」還是要靠如來禪，有個次第法門，一個一個階段將之漸次完成。天台宗講「止觀」，有止有觀，不離觀照，又稱為「經藏禪」，也就是要從佛陀的言語中尋找智慧。

記得妙境法師曾說過：「佛陀的話不聽，聽祖師的話，祖師的話你能懂嗎？」我覺得他講得很有道理。六祖聞「應無所住，而生其心」，當下就開了悟，而我們讀過《金剛經》幾千遍，能開悟嗎？現代人沒有古代人的大智慧，又缺乏善根，要求頓悟，豈不是緣木求魚？

但是，另一方面，佛陀的話就好懂多了，佛陀苦口婆心說法四十九年，指引八萬四千種循序漸進的修行法門，為什麼要捨棄佛陀淺白易懂的道理，而去參祖師們「無里頭」的話頭呢。

古代祖師們，其實也是首先要參方的，等佛學有了深厚的基礎，一觸即發，一點就通，然後才大徹大悟。現在很多人連基本的佛學常識都不夠，卻期望立即頓悟。其實天台宗教觀並重、頓漸兼修，才是最實在的，使修禪學道者有個「下手處」。

我覺得學佛之人最重要的，不要好高鶩遠，要從基礎做起。如守五戒，行十善，修習八正道，在末法之世，把握住中心思想，無論外界如何紛擾，內心要保持一定的原則。所謂毀、譽、興、衰、財、色、名、睡，八風吹不動，才能在風雨中屹立不搖，穩如泰山，這才是真正的禪定。

橋流水不流

蓮華學佛園第廿五屆的禪七，參的是「會取橋流水不流」。我因校務繁忙，只能選擇性的參與。第一天出席，承主七和尚慈悲，吩咐我講幾句話。

「空手把鋤頭，步行騎水牛，人從橋下過，橋流水不流。」為什麼會「橋流水不流」呢？傅大士這四句詩，與一般常理有乖，邏輯思考也完全相反。因為一般人都習慣見「水流橋不流」，其實那是從橋的角度觀察。若易賓主之位，橋是水的境，從水的觀點出發，則是「橋流水不流」了，這就是世間法的相對性。

例如唱片機上某一定點處有隻蝴蝶，當唱盤轉動時，我們看見蝴蝶在唱盤上轉動著，然而，我們若以唱盤轉動的速度繞著唱盤跑，這時再觀察蝴蝶，必然發現它是不動的。這就是物質間的相對性。

傅大士這句「橋流水不流」，徹底粉碎了我們平日的思考模式，而轉換了思考的方向，和思惟的空間。因此「橋流水不流」是破境、破相、更是破執著。世間法都是相對性的，偏執人我，賓主，因而有所謂主觀、客觀，從此產生了緣起緣滅。（例如根為主，塵為客，根塵為緣，則識生其中。）若論佛法則是超倫絕待，無有人我、賓主、主客之分別塵勞，因在佛法中，世界是一合相。

橋是物，有成住壞空：木橋壞了建水泥橋，水泥橋壞了建鋼骨橋。至於水呢？溫度達到攝氏一百度時變成水蒸汽，零度時又結成冰，常溫下卻是潺潺流動的水，三種物質狀態，互相變換。時而為水蒸汽，時而為水，時而為冰，這變中的不變是什麼呢？也不是一個氧原子和兩個氫原子所形成的水分子，因為高能還是可以打斷化學鍵。我們人就像水一樣，昇沉三界，流轉六趣，有時昇天上，有時下地獄，有時還是做人，外形變化了，而不變的呢，就是跟著我們昇沉的「真如佛性」。我感覺還是做人好，做人的可塑性較高，就如同流水一樣，利益眾生。

真心不離妄心，妄心不離真心。我們的行為舉止，雖出自妄心，可是妄心卻發自真心。要找回真心，還要靠妄心。所以說「藉妄修真」。《楞嚴經》裡說，妄心如同水的浮漚體（水泡），此起彼落，生滅不停。而「真心」卻如水的性質，如水的潤濕性，水的柔軟性，這種水的性質是藉著水泡始能彰顯，所以沒有「妄」還找不到「真」。

我們修禪，不單是定一定而已，禪前定後更重要，禪要落實於日常生活中。所以說：「行也禪，坐也禪，行住坐臥體安然」。曉雲導師常說：「生活分為內生活和外生活。」內生活是坦誠的面對自己，外生活是和諧的人際關係；內生活是待己，外生活是待人；內生活是反省觀照，外生活是感念眾生及佛恩；內生活是慎獨，外生活是行善布施；內生活是自覺，外生活是覺他，在佛法中其實並無我、人、眾生，世界是一合相，因此成就自己，就是成就眾生，如此終可達到覺行完滿之聖果。

藉此願與各位大德居士共勉！

鏡子

每個人都少不了鏡子，尤其是年輕女孩子，鏡子更是隨身攜帶，並且不時拿出來照照自己。鏡子也真實的反映出主人的容貌，是美是醜，清清楚楚，連臉上一顆痣、一個疤，坑坑洞洞、斑斑點點，一覽無遺，毫不掩飾的顯現在主人的眼前。於是，愛美的主人，就會對自己的缺陷，如以修飾。或是用化妝品，或是作長期的保養調理，目的不外乎期望自己在人前，顯露出一副容光煥發、光鮮亮麗的模樣。

面對鏡子，我們在修整儀容，化好妝後，面對自己的影像展露出微笑，或者會感到相當滿意。可是，我們是否察覺到，這樣並不等於已經看清楚自己所有的容貌。因為在人前，面部會時刻隨著自己情緒而產生變化，顯現出喜、怒、哀、樂等各種表情來。你是否看過自己生氣的樣子呢？是不是很可怕？所以我們即使有了鏡子，對於自己的容貌，所知的仍是有限。

除了有形的鏡子，更重要的，我們要懂得使用無形的鏡子，那就是心鏡。心鏡不必花錢去買，人人都有一面。只要你有智慧，拿出來就可以用。沒有智慧的人，心鏡上則常是蒙上一層塵垢，看不見自己的心，是美是醜。心鏡是用來觀照我們的內心，如果我們習慣使用它，會發現我們的心，並不是經常都很美，因為它有時貪婪、有時愚昧、有時驕傲、有時妒嫉，就像一張坑洞斑駁的臉，一點也不可愛。如果我們在意擁有一顆善良的心，如同在意一張姣好的面容，就要時時勤於拂拭心鏡，觀照自己的內心，一旦發現有貪、嗔、癡、慢、疑等塵埃污垢，便得趕快清潔乾淨，保持心靈原有的光輝。當我們的心擦拭乾淨後，就會充滿平安寧靜、慈悲喜悅。這時，不可思議的在我們的臉上，也同樣會抹上一層和藹慈祥、歡欣喜悅的色彩，令人看了願意親近，如沐春風。

美與醜是天生的，有些人花錢整型整容，其實人力所能改變的畢竟不多。但是，由心力所創造出來的自然美，卻是人人可以辦到的。所謂「相由心生」，或者「誠於中，形於外」，就是這個意思。

聰明的人，會以「失敗」為鏡子，反省自己做過的每一件事情，檢討不能成功的原因，作為重新出發的基礎，所以，失敗乃成功之母。也有人以朋友為鏡子，將朋友的際遇與自己做比較，來修正自己的缺失。懂得利用這些鏡子的人，離成功之道必不遠。

除了一般的鏡子，還有一些特別的鏡子，例如放大鏡，使我們對事物觀察得更清楚，絲絲入扣。但是請不要用放大鏡來觀察別人的錯誤，古有明訓要「嚴以律己，寬以待人」。哈哈鏡，把人的形象扭曲變形；有色的鏡子也會使人產生錯覺，都不能反映真實的景象，不要輕易地使用它。天文學家用的望遠鏡，可以瞭望無際的星空，浩瀚的宇宙，而自知人類的渺小，心地會變得更柔和謙卑。實驗室裡所用的顯微鏡，把微生物放大千萬倍。使我們認識到生命的神奇奧妙。

鏡子是我們忠實的朋友，我們要懂得善加利用！

偉大的社會改革家——佛陀

佛陀，原是迦毗羅衛國的太子，自幼過著養尊處優的日子，卻能深諳眾生疾苦。及長剃髮出家，雪山修行，受盡饑寒交迫，風霜磨折，終至夜睹明星開悟，證得無上菩提。這段生命的歷程，高貴又莊嚴。磨練，使他脫胎換骨，直如寒梅綻放，妙果天成。佛陀的一生，雖說可以用三言兩語交待過去，但是當我想到佛陀的慈悲和智慧，堅毅不拔，忍性成道時，內心卻不免會產生一種莫名的震驚與無限的感動。

我們都知道，佛陀是一位最偉大的宗教家和教育家，但他同時也是一位社會改革家。因為他所提倡的「平等」，對於當時階級森嚴的印度來說，無疑是一擊當頭棒喝。他的貢獻不但是對當世、也是對治未來人類的眾生疾苦的。他徹底從人心根本開始，諄諄善誘、淨化人心，幫助弱小善良，改革社會風氣，廢除人間的不平等。佛陀既沒有錢、也沒有權、沒有功名、更沒有武力，他只使用最柔和莊嚴的語氣，親切和藹的態度，寓意深遠的言辭，為了爭取一切人的尊嚴與平等，說服外道邪見，這正是歌德所提倡的：「不流血的革命」，所以我深深的感覺到，佛陀真是一位有史以來最偉大的社會革命家。

在佛陀的那個年代，印度的階級觀念根深蒂固，四姓之中以婆羅門（祭士）的地位最為崇高，其次是剎帝利，也就是王公貴族，再其次是吠舍，即商賈士人，而最卑微的則是首陀羅，稱為賤民。首陀羅是社會上沒有身份地位的可憐人，生下來就註定厄運隨身，有的賤民，被稱作「不可見的」(unseeable)，或是「不可觸摸的」(untouchable)。我們試想，他們的人權何在？見到他們、觸摸到他們就會倒楣？簡直是糟蹋人嘛！因為他們相信梵天王造人時，婆羅門是從其口出，剎帝利從其脅出，吠舍從其身出，而首陀羅則是從梵天的腳底所出生。慈悲的佛陀為了打破這種傳統迷信的階級觀念，不止一次說明，人的貴賤，不在於其出身高低，而在於他本身存在的價值，是否有益眾生，或是有害他人。所以在佛陀的僧團裡，有各種背景不同的人，如貴族的阿難、賤民的優波離；智慧的舍利弗、愚蠢的周利槃陀；少欲的頭陀迦葉、多欲的孫難陀、貞潔的仳舍佉，和婬女的蓮華，佛陀一一化度，在佛陀前完全是人人平等的。

另外有一則感人的故事，是出自《大莊嚴經論》。有一天當佛陀講經時，遇著一位以挑糞為業的賤民，名叫尼提。他見到佛陀時，心懷景仰但卻畏縮不敢向前，反而疾走迴避。佛陀尾隨其後，溫和的一直呼喚著尼提的名字，並且為他剃度出家。當時引起議論紛紛，尤其是波斯匿王，他是佛陀的在家弟子，聞此消息即驅車直赴佛陀說法的祇陀精舍，在門外見到一位比丘在鋪平道路，以利人行走，即與之交談，比丘告訴他，要多做利樂眾生之事，因而深受感動，後來他請問佛陀此人是誰，佛陀告訴他，此人正是尼提。波斯匿王方才醒悟，貴賤其實是在於言行思惟，是否高貴，而不在於個人的出身。

佛陀的平等在當時的印度社會，確實是一種令人震撼的改革，有財有勢的貴族，為了維護其既得利益，對於剝削打壓貧苦人家，無所不用其極，來擡高自己的身價地位，託言貴賤與生俱來的荒謬理論。佛陀高超的智慧、凜然的正義、悲天憫人的胸懷，和令人心悅臣服的無礙辯才，力批時弊，真是富人的燈塔，貧人的救星，這種溫和的改革方式，在當時可是極之困難的呢。

輯二　佛教教育

談東方三寶

各位年輕朋友，大家晚安！

今天我想藉這個機會，跟大家談談東方文化的重要性，目前國際思潮對東方哲學有愈來愈加重視的趨勢。尤其是佛家思想，地位逐漸提高。對於這種現象，日本人似乎早已有先見之明。很多年前，他們就努力於研究經典及宏揚佛法的工作，成績也頗為卓著。數十年前，胡適就曾經說過：「將來研究中華文化，要到日本去。」不幸被其言中，這真是炎黃子孫的羞恥和不幸。不唯是先秦諸子的學說，日本人對於宋明理學的研究也十分盛行。在佛學方面，歐美各國都有日蓮宗和日本禪宗，卻不見中國大乘佛教，如天台宗、華嚴宗。日本人甚至大言不慚的說佛教乃是由印度傳至中土，爾後再傳到日本才發揚光大的。我們都知道唐朝是我國大乘佛教的鼎盛時期，那時日本的留學僧還將鑑真和尚請去日本宏法。但是目前我國極少佛教人士，能夠突破語言的障礙，向西方介紹我國佛教各宗各派的學說，同時在國內信仰佛教的人雖然不少，但真正對於教義教理研究的人才，則頗為欠缺。但是，我們亦不需要因此而頹喪，畢竟中日兩國之民族性不同，我們可以分道揚鑣。

莎士堡佛教會會長芬滋先生(Fenzl)曾在一封信中跟我說，他自己雖然是向日本人學習佛教，但是他認為中國的佛教更富有宇宙性的包容，因為中國人心量寬大，比較沒有門戶之見。不單佛教各學派之間無排他性，連天主教、基督教、回教一概不會排斥。芬滋先生曾經給我講過這麼一個故事。從前有位西方傳教士，問一位中國人：「為什麼基督教在中國不容易發展開來？」那位中國人說：「我們中國原來有三件寶物，就是儒、釋、道。你們基督教來時，我們亦很歡迎，感謝你們要送給我們一件寶。可是你們卻叫我們放棄原有的三件寶，去愛你們的一件寶，想想划不來，所以就不歡迎了。」世代變了，今天連天主教教廷也嘗試著與其他宗教接觸。我記得蕭文元神父曾經對我說過這樣的話：「迷信自己掌握真理的人，決不可能得著真理，相反地，只會阻礙自己的進步。」

日本人對佛學研究的態度固然認真，但過於學術化、理論化。而忽略了修行的實踐功夫。有人說：日本和尚娶妻生子，吃葷腥，反而不如中國受五戒的居士。我國佛法是注重實踐的，所謂理證與行證並重。為什麼我國的僧團把「戒律」看得那麼重要呢？讓我們想想，佛陀滅度之前，阿難向佛陀請示的四件事中有一樁，就是「佛滅度後，以誰為師？」佛陀答曰：「以戒為師。」又有云：「戒為道源功德母」。佛教重視戒、定、慧三無漏學。戒是定與慧之母。所以無戒不能生定，無定何從發慧呢？佛法不離世間法，單靠研究功夫是不可能貫徹明瞭的，由實踐體證真理才更重要。佛陀曾清楚的指示過，「法」不是拿來執著把玩的。所以《金剛經》云：「汝等比丘，知我說法，如筏喻者，法尚應捨，何況非法？」又如《楞嚴經》亦有云：「此法亦緣，非得法性，如人以手，指月示人，是人因指，當應觀月，若復觀指，以為月體，此人豈唯亡失月輪，亦亡其指。」佛法本身，是為了了生死，如渡江筏，指月之手，悟道以後，就不必再執著的保有它了。

所以說，只重理論，不講實踐，「如人說食，終不能飽。」在香港有一位陸寬昱老居士，翻譯佛經長達二、三十年，當他每思不得，即拜倒佛前靜禱，而後即有靈感，這就是一種宗教情操，有別於純學術性的研究。

我有一個問題，也可以提供各位參考。我常想，我們中華民族，歷史那麼悠久，人多，地大，物博，智慧高，何以對世界的貢獻不成比例？我並非否認中國人的貢獻，但是的確還不夠。中國人的使命究竟何在？我總覺得：「天生我國必有用。」雖然經過五千年的苦難，我以為這可能是「天將降大任於斯國矣，必先苦其心志，勞其筋骨，餓其體膚。」那麼到底是什麼重責大任呢，我們不妨多想想啊！

東方文明，佛教人生哲學，在過去歷史上，有其深遠的意義和價值，不容否認。然而將來呢？不少有智之士都預測，東方哲學對人類文明的進展，必然會有更重大的貢獻。先就國際形勢來看，天災人禍，能源危機，環境污染，生態失衡，造成人心恐惶，科學所帶來高度物質文明，繁榮則有之，安定則未必。人類精神生活空虛，心靈難於安頓，造成許多社會問題。許多西方年輕人，無法適應現今社會的衝擊，於是設法麻醉自己，縱慾吸毒，離婚自殺率愈來愈高。我有一位很好的德國朋友，他名叫漢斯馬丁，出身於基督教家庭，父親是基督教的長老，而長兄也是牧師，他本人則是一位非常虔誠的教徒。但是當他承受不了研究的壓力時，他卻自殺了，留下妻子和三個小孩。自殺對基督教徒來說，是一種犯罪行為。甚至墳墓都不能與其他教徒葬在一起，他不是不清楚。這就是表示，他本身精神上沒有足夠的力量來支持他。我在德國讀書時，當時常有報導恐怖主義暴力分子，他們不同於我國的不良少年，僅限於有目的的搶竊，而西方恐怖分子，大都來自富有良好的家庭，甚至如政要或牧師的兒女。他們目的在製造恐怖，真是防不勝防，可怕極了！現今社會文明難辭其咎。這一切起因在那裡呢？我認為國際兩種思想主流，也就是美蘇兩大超級強國，分別代表資本主義和共產主義，這兩種思想，都是來自西方的唯物人生觀，以「物」為中心，有「物」則必有紛爭，無「物」才能平息爭端。佛家絕不是反對進步，而是不可無盡止的追逐物欲。《楞嚴經》云：

「從無始來，迷己為物，失於本心，為物所轉。」想想看，佛陀在二千五百多年前，就指出人類「迷己為物，失於本心」。我們造「物」，是希望「物」能為我們所用，我常常笑話有些人，買了輛名貴轎車，原是為了享福，以車代步。可是呢，他們卻時時勤於擦洗，累得滿身大汗，為車之奴而不自知。我國道家也是唯心的哲學，例如莊子的哲學思想中心，也談到「將宇宙的本體與自身化而為一，在永恆的變化中，隨順變化，超於物質世界之外，便不再受到外在的限制。」至於孔孟學說，也是由誠意正心開始，有了誠意正心的基礎，才能談到修身、齊家、治國、平天下。我想東方人文思想之必然會受到重視，就是因為唯物史觀之謬誤。人類必須懸崖勒馬，明白「心」是主宰，才不致心隨物轉，否則人的基本價值都沒辦認清楚。談自由、講人權，都只是隔靴搔癢，徒勞而無功。

創造更潔淨的空間

各位親愛的聽眾，大家好：

今天有機會來上「關懷節目」，本人感到非常榮幸。在這裡，我要和大家談的主題不是如何投資理財，也不是如何減肥健身，更不是如何創造成功的事業。但是各位朋友，請您不要忙著關掉收音機，請您聽我談一談，也許是您也會關心的問題，也許是您沒有太多時間思考的問題，但卻也是您一定可以參與解決的問題。那就是如何充實我們自己，使每一個日子過的更有意義，如何開創一個更潔淨、更美好的環境，使我們的下一代活的更幸福、更多彩多姿，更有尊嚴。

聽起來，這一個主題似乎相當嚴肅，其實不然，時代的巨輪是向前推進的，我們不可能回到過去孔孟的時代。事實上，孔孟所生長的時代，國土分裂，戰亂頻仍，社會動盪不安，道德淪落，治安情形並不見得比今天好到那裡去。

生活在今日的臺灣，經濟發達，社會繁榮，物質文明，與國際先進國家並駕齊驅，在中西文化的衝擊下，如果把儒家的道德標準，一成不變的當作今天這個時代的準繩，那是很難行得通的。尤其是時下的年輕人，更不可能完全接受舊有的道德標準和價值觀。因為畢竟在現實的環境中，不像牛仔片裡的情節那樣的單純，很容易就可以區分出，戴白帽子的是好人，戴黑帽的是壞人。

另外一方面，我們今天的社會裡，不可諱言的，人們大多十分崇洋。無論是在吃漢堡包、購買外國貨，話裡帶洋文等生活習慣的表現，或是絲毫不思考的把外國人的價值標準和人生觀，來個全盤吸收，完全接受。這種作法，實在也不怎麼高明。

作為現代的中國人，尤其是生活在臺灣的中國人，應該為扮演自己的角色重新定位，也該為這時代建立一套共同的價值標準。正如許倬雲教授所說的：「我們可以集無數平凡人的智慧，搜求我們自己可有的抉擇，再取得若干共識，作為大家的信念，作為社會的新價值體系，有了大多數人都以為恰當的新體系，我們實際上已創造了一個新文化，在這個新文化的內涵上，我們方可企盼有具體內容的文化活動及所規範的行為與作風。」朋友，您有沒有想過，我們也有寫下一頁歷史的責任呢！

自從這一年多以來，政府為實現民主的理想，邁開了大步，隨著解嚴，開放報禁、黨禁、開放大陸探親，一連串的措施，帶來許許多多正面或負面的後果與影響。好的方面，我們不必急著喝采，而壞的方面，卻難免不令人擔憂。

臺灣今日的經濟成長，七百億餘美元的外匯存款，是全世界有目共睹的。今天的經濟奇蹟，是四十年來全體人民胼手胝足、辛勞勤奮所換來的。然而，這一年以來，這裡的人都好像特別有錢，而生活的目的，彷彿就是如何賺錢，如何花錢，如何錢上滾錢。「六合彩」賭風鼎盛，「大家樂」常導致樂極生悲，玩股票、炒地皮，都被視作正當理財之道，投資變投機；於是乎蓋房子找不到工人，公務人員蹺班的怪現象，司空見慣，不足為奇了。

我感到，最可怕的是這種夢想一夜成巨富，不勞而獲的心態，試想大家都去賭博、去玩股票，誰工作？誰建築？誰耕耘呢？社會百行百業，又怎麼會不架空呢？而懶惰的社會，如何能在今天這個競爭激烈的國際舞臺，贏得一席之地呢？又如何能再創造新的經濟奇蹟，帶來繁榮與進步呢？

談到治安，更是令人心寒膽慄，翻開報紙，姦淫擄掠、殺人強盜，幾乎是無日無之，犯罪率逐年上升，犯罪年齡節節下降，而犯罪的手法層次則不斷提高。在在證明，人性惡毒的一面，自私、貪婪、偏激、仇恨，缺乏正義，不談公理，只看誰的拳頭大，誰的聲音高，誰就能贏得勝利與喝采。

在家庭方面，夫妻失和，離婚率也大幅度增加，大街小巷，到處都充斥著見不得人的色情場所。大學生陪酒陪宿，雛妓問題都不禁令人扼腕嘆息，這真是個笑貧不笑娼的社會呀！

我常在想，世界上的超級強國。他們的政治理念，倒是有一點相通的地方，那就是，共產主義是唯物的，而資本主義也是唯物的，然而，唯物者的論調，只會把全世界導致混亂無章，巧取豪奪，永不安寧。因為，有「物」才會引起爭端。我們知道，人類的貪婪是來自欲望，而欲望都是起源於對物質的追求，而貪念只會隨著物質的增加水漲船高，世上又有多少懂得適可而止、急流勇退的人呢？至於古聖所說的那種「無欲則剛」，和「人到無求品自高」的廉潔之士，那更是少之又少了。記得小時候曾被一則寓言感動，那就是有位享盡美味珍饈、穿盡綾羅綢緞，富甲天下，極權一時的皇帝，為了尋找幸福而離宮，遍訪名山大川，最後找到一位真正感到幸福的人，他竟是一名乞丐。這一則寓言，是不是給我們很大的啟示呢？真正的幸福，決不是金錢地位所能帶來的。

在酒色財氣中，人多會迷失自己，所謂玩物喪志，這一個「玩」字，其實是沈迷的意思。而「物」所包括的範圍，應該是指一切有形的物體，包括有生命或是沒有生命的東西。人生不滿百，到頭來，渾渾沌沌的過了一輩子，對自己沒有交代，對社會人類沒有貢獻，豈不遺憾終身嗎？

我們生活在這一塊土地上，當然希望提昇這裡的生活品質，也有責任和義務留給下一代一個沒有污染、更潔淨的生活空間。

其實在這大環境裡，在我們的周圍，有的是默默耕耘、安分守己、肯付出、肯奉獻的人。只是善良的老百姓，正是沈默的大多數，缺乏新聞媒體及大眾傳播的報導價值。這才造成耳聞目濡，盡是些窮凶惡極，或是光怪陸離的社會現狀。

另一方面，一般中國人，通常都有一種「各人自掃門前雪，不管他人瓦上霜」的心態。自古以來就標榜「明哲保身」的想法，不太關心公益，也比較缺乏公德心。雖然國內目前民主風氣熾盛，國民黨與民進黨爭相較勁，看來似乎十分熱鬧，但實際參與的民眾並不多。而我們的民主落實，必須等到每一位公民都熱心公益，關懷國事，謀求大眾福利，集中全體國民的心願和心聲時，才能反映出整體的需求與意見，才能稱得上是真正的民主。因此真正的民主不是單靠政府的推動，而街頭遊行示威只是民主的皮毛，並不是民主的內涵。全民的民主素養提昇，是刻不容緩的，但我們也樂觀其成。

在我國真正落實民主政治以前，我以為全民公德心的培養，實在有待加強。香港女作家農婦，常常鼓勵年輕朋友要勤耕心田，因為我們的心田中，充滿了紅色、黃色、黑色，就是缺乏和平安詳的綠色。人心失去了平衡，充滿了私心、野心、妒心、盜心、邪心，這都是由於個人主義和功利思想的污染，心田裡遍佈野草，因此，他提出來，土地要綠化，而心田更要綠化，這必須自己來耕耘。

李蔚育神父最近介紹我看一本書，書名是"*Careers That Change Your World*"意思是說：《改變你的世界的職業》，作者James Keller提倡「克里斯朵夫運動」。就是勉勵每一個人，都能使我們的世界變的更美好。不要忽視一己之力，看到不習慣，不順眼的事，我們應該拿出道德勇氣來，為它盡一份心力，只要肯做，就會有成績。這本書中有個例子，有位開設肯塔基店的老闆，常抱怨政府措施不當，卻不知如何去改變他。後來他看過關於克里斯朵夫運動的文獻後，靈機一動，去競選議員，而且當選了。從此他盡心盡力，充當人民的喉舌，而貢獻社會國家了。

各位再看看世界上，有一些閃閃發光的偉人，流芳百世、永垂不朽，為人類留下真、善、美的楷模，如史懷哲醫生，如德蕾莎修女，在臺灣，也有花蓮開辦慈濟醫院的證嚴法師。他們的發心，都在一念之間，他們宗教信仰雖然不同，但是救助貧苦受難人民的宏願和修為，卻使他們殊途同歸。為了使將來更美好，朋友，您和我，是不是到了該當採取行動的時候呢？

佛教徒的社會責任

各位護持委員，各位善信大德：

今天我要講的主題，是「佛教徒的社會責任」。我之所以選擇這個題目，是因為我們的社會脫序現象太嚴重了，治安太差，環境太惡劣，人心太壞了。雖然政府有心整頓治安，畢竟我們佛教界的力量也很大，如果能結合起來，端正社會風氣，淨化社會人心，化娑婆為淨土，留給子孫們一個潔淨的空間，豈不也是功德一樁！

為什麼要談社會責任

今天我們生活在臺灣，尤其對於年輕朋友來說，生於斯、長於斯，臺灣孕育我們，好像大地母親一樣，土地與我們之間，是一種根本的依戀，因為她與我們息息相關。愛她，就應該給她最好的。可是我們仔細分析一下，我們給了她一些什麼東西呢？

整體而言，今天的臺灣是富有的。四十年來，走過貧困，靠著中國人刻苦耐勞，樸實勤奮，終於掙脫了貧困，經濟奇蹟帶來「臺灣錢淹腳目」，七百億美金外匯存款，全世界第十三貿易大國，亞洲四小龍之首。「錢」提高了我們的國際地位，這是值得肯定的。

再說臺灣人民是勤勞善良的。否則不可能有今天的經濟奇蹟，不可能有嘉邑行善團，不可能有慈濟功德會，不可能有佛光山的佈施，更不可能有華梵。因為這一切，都是集腋成裘，靠著十方捐獻成就的功德！所以我肯定的說，臺灣人是懂得慈悲喜捨、樂善好施、為善最樂的道理。

其次臺灣寶島是美麗的，外人早稱之為Formosa，意即「美麗的島嶼」，四面環海。內陸有陽明山、日月潭、太魯閣、阿里山、溪頭、墾丁，到處風光明媚，鳥語花香，島上氣候溫和，蔬果農產特別豐盛，故稱之為「寶島」。我們曾經歷過多次危機，屹立不搖：如退出聯合國、中美斷交等，都能平安渡過，這全是由於島上善心人士積福，才能逢凶化吉、遇難成祥，怎能不稱作為寶島呢？

然而我們切不可掉以輕心，切不可沾沾自喜，因為這一個好環境，已面臨了許許多多的問題。尤其是近幾年來，問題更形複雜嚴重：例如我們的生態環境被破壞，交通混亂，空氣污染，髒亂幾乎無所不在，噪音使居住品質日趨惡劣。人們不單健康受損，神情焦躁，精神生活更是成為一種奢侈品。

數年前六合彩、大家樂流行，房地產股市狂飆，傾家蕩產者有之，惶惶終日者亦不計其數。這個社會倚富而驕，大都向錢看。ROC 被外國人諷刺為 Republic of Casino，真令人無地自容。

更令人痛心的是家庭的破碎和教育的失敗，造成青少年犯罪，離家出走問題嚴重。此外，治安惡化、黑槍氾濫、政治也不安定。國會廟堂之上，政客的表演全武行，暴力被視為神勇，打打罵罵才是英雄。我們想想看，小孩子、青少年有樣學樣，這是不是一種反教育？會不會造成一種傷害？身為國民，我們有責任、有義務，來拯救我們的居住環境，拯救我們的社會。身為佛教徒，對於這一份責任，更應當義無反顧的承擔。

傳統佛教界與社會的關係

一般人的心目中，對於傳統佛教界，總認為是消極的，做一天和尚撞一天鐘。所謂「看破紅塵，遁入空門」。又有明哲保身的修行人，以不看、不聽、不說的三猴哲學，只求修心養性，事不關己，少惹麻煩的態度來面對世俗，頂多我做善事，修橋建廟，燒香拜佛，自求多福，其他的事，就非我一己的能力所能辦得到的了。

人間佛教與社會的關係

自從太虛大師提倡人間佛教，表白了佛教與社會互動的關係，說明了原始的佛教精神。因為菩薩是入世、救世，而不是離世、遁世的。地藏王菩薩大願：「地獄不空，誓不成佛」，觀世音菩薩倒駕慈航、聞聲救苦。我們佛教徒，就是學佛成佛，踏著佛菩薩的足跡，履行佛菩薩的大願大行，單信佛而不實行佛的教化，是不夠的，如同隔靴搔癢，永遠也抓不到要點。最多也只能做個自了漢，進不了佛的廟堂。所以《六祖壇經》說：「離世覓菩提，恍如求兔角」。佛生人世，就是要面對人類的問題，解決人類的問題，因為只有人才能成佛，只有人間才有佛教。

今天臺灣的佛教界，已經不能關起門來了。佛光山的急難救濟，冬令賑濟等活動，慈濟功德會的義行義舉，也廣為人知。如今更有曉雲法師辦教育興學，從人心根本著眼著手，都是開放開明，積極而入世的作為。不過我覺得，我們居士，還可以做些什麼，你們覺得呢？

當年維摩居士示疾：「眾生有病，我亦有病」。我們在家居士，當學維摩。社會是眾生的整體，所以換句話也可以說：「社會有病，我亦有病」。希望各位都以維摩自許，我們好好想想看，如何來拯救這個生病的社會呢？

就本質而言，佛教徒是最適合救世的。因為佛教徒具備了悲與智：悲就是慈悲、智就是智慧，悲是體，智是用，悲智雙運，體用一如，是佛陀的教化。

佛教徒適合端正社會風氣

佛教徒要發心，要發大悲心。須菩提在《金剛經》中問佛：「如何發菩提心。」佛說：「我願滅度一切眾生，滅度一切眾生已，而無有一眾生實滅度者。」滅度眾生，就是普度眾生，化解眾生的厄難，所謂化火焰為紅蓮，化煩惱為菩提。這不是唸唸經、說說而已，是要起而行，親躬實踐的。佛教徒應該知道人的力量是無窮的，可以改變人類的命運。或者說，以我一個平凡人物，那能成得了什麼大事。其實不然，我記得以前看過一本書裡，就談到過有一位肯塔基店的老闆，老是對當時的政治不滿意，經常發牢騷。後來聽到所謂「克里斯朵夫哲學」，即每個人都有做大事的潛能，有志者事竟成，他就關了他的店舖，競選議員，而且成功了。從此後，他得償宿願，為民喉舌，實際的參與國事。我們再看看非洲行醫的史懷哲醫生、印度的德蕾莎修女，再看看曉雲法師和證嚴法師，他們都是憑一己之願、一己之力，做成大事的。所以不要輕視你的力量！

今天臺灣的社會秩序混亂，金錢遊戲侵蝕著人性（貪婪），暴戾充滿（嗔恚），色情氾濫

（愚癡），身為佛教徒，我們應該知道如何調適自己的身心，因為有智慧，所以凡事不衝動，能冷靜理智的分析問題，考慮問題的癥結。因為有慈悲心，所以才能同情眾生業重，無日無夜不起惑造孽。例如有許多人不滿意自己的環境，看不得別人好。於是羨慕人、妒忌人，境由心起，貪念一動，惡向膽邊生，就犯罪造孽。種惡因、結惡果，惡果成熟，即災禍臨身。如此生生不息，無有了期。

我們應該如何做

作為一個佛教徒，悲憫眾生，必伸手救援，「行無緣慈，運同體悲。」佛陀要我們履行佛法，以身作則，感化別人，為人演說。如何履行佛教呢？就是奉承佛陀所說，先從自己做起。首先要記得最基本的十六字箴言：「諸惡莫作，眾善奉行，自淨其意，是諸佛教。」這不是老生常談嗎？可是諸位大德，「三歲小兒道得，八十老翁行不得啊。」

那麼具體一點，我們可以打從那裡做起呢？初學者可以持五戒，即殺、盜、淫、妄、酒；修十善可以升天堂，修十善就是去十惡，何謂十惡呢？就是身三、口四、意三。身三是殺、盜、淫；口四是兩舌、惡口、妄言、綺語；意三是貪、嗔、癡。有人會覺得做起來太難了，犯了那一條還記不起來。我給各位一個小小的建議，就是每週履行一善，十週過後再增添一善，如此時日一久，善善圓融，莫以為這箇容易，連劉備也說：「莫以善小而不為，莫以惡小而為之」呢！

發大心修菩薩行者，要修六度：即布施、忍辱、持戒、精進、禪定、智慧，進一步才能體會到無常苦空，如四念處是指：「觀身不淨、觀受是苦、觀心無常、觀法無我。」去人我執，人空法空，心如虛空，無量無邊。豎窮三界、橫遍十方，心何其大哉！有什麼想不通，看不開的呢？

現今這個社會，勸人為善比勸人喝酒難多了！不過我們佛教徒，要荷擔如來家業，不要認為自己的力量薄弱，團結就是力量。昔日富樓那尊者要去野蠻地區傳法，不怕野人罵他、打他、甚至將他打死，他都會無怨無尤，這種視死如歸的傳道精神，就是儒家所說的：「自反而縮，雖千萬人吾往矣」的精神！

我們佛教界，應該團結起來，與邪惡為敵，則必能打擊犯罪，端正世風。佛教徒應知道，人心能善能惡：「一念上天堂，一念下地獄。」若能及時悔改，我們即以平等心待之。「放下屠刀，立地成佛」，所謂「浪子回頭金不換」，誰又能不犯錯呢？佛經有云：「罪由心起將心滅，心若亡時罪亦亡，心罪俱亡兩俱空，是則名為真懺悔。」只有佛教以平等心、慈悲心看待一切眾生，我們不反對犯罪的人，只反對罪惡。人必須自救自度，所謂度他，是讓他明白因果、善惡、是非，他必須接受這些道理，才能真正的洗心革面、徹頭徹尾的做一個新人。另外，在宏揚佛法的過程中，我們要以蠟燭自許。燃燒自己、照亮別人，也就是「不為自己求安樂，但願眾生得離苦。」要以超導體自許，沒有阻力，不替自己做宣傳，只要讓佛法宏揚於世，這樣無私無我，才能幫助別人，才能成就自己！

結語

最後我引用《壇經》的一段話與諸位共勉：

心平何勞持戒，行直何用修禪，恩則孝養父母，義則上下相憐。讓則尊卑和睦，忍則眾惡無喧，若能鑽木取火，淤泥定生紅蓮。苦口的是良藥，逆耳必是忠言。改過必生智慧，護短心內非賢。日用常行饒益，成道非由施錢。菩提只向心覓，何勞向外求玄。聽說依此修行，天堂只在眼前。

南無阿彌陀佛！

諸法無我　得成於忍

各位護持委員，善信大德，阿彌陀佛：

首先要感謝各位的支持，和移交當日送給我的賀禮，那是兩棵綠色的室內植物，如今都放在校長室。綠色象徵和平，植物代表生機，意義都非常好。來到華梵，剛好十二天，今天各位請我來，也該向各位報告一下就任感言。

來華梵之前，我的心情一直是沈重的，因為我有蠻多的顧慮：例如說，以後辦理事情是否順利？與人相處是否融洽？憑什麼我會得到更多的支持？憑什麼我會比別人做得更好？我跪在佛前虔誦《金剛經》，誦至「不受不貪分第二十八」時，有一句「知一切法無我，得成於忍」，該句漸漸在心中擴大、縈繞、徘徊不去。誦完經後我坐在書桌邊，拿起筆來，無意識的寫了許多字，都是那一句「知一切法無我，得成於忍」，仔細想起來，這可能是佛菩薩對我的顧慮，或是對我心中疑問，所賜與的一個答案。

前兩天有一位朋友，也就是慈蓮苑教畫畫的林濃老師告訴我，當她聽妙境老法師講解《金剛經》時，妙境老法師說，很多法師都認為《金剛經》中，最重要的兩句是，「應無所住，而生其心」，而他則認為《金剛經》之精義是在於：「知一切法無我，得成於忍」這十個字。我聽後心中十分歡喜，因為我念經的感應與妙境老法師的見解契合。其實經文中各人所契悟是不同的，《法華經》中說：「佛平等說，如一味雨，隨眾生性，所受不同，草木叢林，隨分受潤」。如六祖惠能大師聞「應無所住，而生其心」，馬上開悟。而智者大師聞「是真精進，是名真法供養如來」，即時而入法華三昧。我這次讀誦《金剛經》，也深慶獲益匪淺。但我感到能契入此句，只是蒙佛菩薩恩澤加被，我將尊奉為終身的座右銘。

我今天老實的告訴各位，未來華梵前，當我想到自己的未來，馬上就要有一個大的轉變時，難免有些惶恐。最難割捨的是：一、自由自在無人打擾的悠閒生活。二、浸淫數十年的專業學術研究生命。於是在上任前，閉關誦念《法華經》，又有另外的一種心得，可提出來給各位大德參考。

《法華經・藥王菩薩本事品》中，有一位菩薩，名為一切眾生喜見菩薩。他燃燒金色雙臂，供養如來。這一位菩薩，就是「植眾德本，成就不可思議諸善功德」的藥王菩薩，他燃雙臂供佛，大眾弟子均感到憂傷，但他在大眾中立下誓言說，「我今捨雙臂，必當成佛，如此言不虛，令我雙臂如故。」話說完以後，雙臂馬上復原如故。

我曾與好友唐亦男教授說：「我今去華梵，如壯士斷臂」，唐亦男教授是成大中文系的教授，馬上糾正我說，「是壯士斷腕，不是斷臂。」

我還是執著的用雙臂來比喻我所切斷的喜好。什麼是我的雙臂呢？是自由自在的悠閒生活，和我的專業學術生命。二者在我心目中是最難割捨的，放棄時心會痛。我今以此雙臂，供養佛，供養華梵。雖然我的供養遠不及藥王菩薩，就像螢火蟲的光，不能與皓月比明，但是我的心卻是同樣虔誠的。

剛來校時，批示月餘來所積壓的公文，看到有些制度仍不健全的地方，尚待改進。我是個急性子的人，但凡事必須慢慢來，心情難免鬱卒。林濃老師送我一頭樹根，形似大象，她要我看看大象，想想樂果老法師（就是我的皈依恩師）。我很笨，還問她道：「師父他老人家與大象有什麼關係呢？」她用手比劃著大象行走的姿勢，我脫口而出說：「啊！老和尚龍行象步。」一步一步，穩重而踏實，雖然慢一點，但腳印很深。大象同時也是古印度吉祥動物，健壯沈著，忍辱負重，但步履沉穩，我也很感謝她的用心和鼓勵。

我一直認為，人的力量是有限的，但是佛的力量卻無窮。希望各位念佛時，也為華梵的大家長，我們的曉雲導師祈禱，也為華梵學校祈禱，祈求佛光加被，解決一切的困難和問題，讓「覺之教育」能夠早日得以落實。

仰止唯佛陀

各位護持委員，善信大德，阿彌陀佛！

今天本人深感榮幸來到臺中，在這個莊嚴殊勝的日子，與各位大德居士結緣，心中充滿了虔敬與感激。今天，每一位在此地的大德，都同時具備了兩種福德因緣，一種是佛緣，一種是菩薩緣。各位今天參加藥師法會，護持華梵大學建校功德，必然會獲得東方琉璃世界的藥師如來佛消災賜福、袪病延壽。因為這一尊佛的大願就是為眾生「消災延壽」。另一是菩薩緣，今天是農曆九月十九日，觀世音菩薩成道的日子。這一位菩薩，與我們娑婆世界好有緣，他是慈航倒駕、聞聲救苦、大慈大悲喔！為什麼觀世音菩薩那麼厲害呢？因為他修得耳根圓通，一切聲音都在他的「聞性」當中，無論什麼地方，多少人祈求他，他全聽到。所以你們看哪，觀世音菩薩千手千眼，就是為度眾生的，其實何止「千手千眼」，這只是形容他的手和眼很多很多而已。

今天這麼因緣殊勝，有佛有菩薩降臨道場，意義非凡，龍天歡喜，真是法喜充滿！我要為各位講的，就是「仰止唯佛陀」。「仰止唯佛陀」——是我個人的心聲，因為世界的一切都不可靠，世間一切都無常啊。錢財可靠嗎？名位可靠嗎？兒女可靠嗎？自己可靠嗎？不可靠！即使有了名利、權勢，還得擔心招惹殺身之禍；撫養兒女長大成人已不容易，還未必孝順。自己辛苦汲汲經營，等得稍有成就時，已是髮蒼蒼、視茫茫的老人了。不可靠啊！「三界如火宅」，各位聽過嗎？是來自《妙法蓮華經》的一則故事：

有一位長者，家財萬貫，有一天，鄰人告訴他說：「你的孩子們，正在那一幢古老破舊的屋子裡玩，屋子的樑柱快要崩塌了，結構體搖搖欲墜，裡面有餓鬼惡犬、魑魅魍魎、猛獸毒蟲、而今又著了大火，你的孩子們不知危險，玩得正高興，不肯出來。」長者一聽心裡著急，告訴他的兒子們：「裡面危險，你們快出來呀！」兒子們玩興正濃，不理會父親的呼叫，繼續遊玩。長者就想，平時孩子最喜歡玩什麼呢？是羊車、鹿車、牛車。不如先用這些引誘他們脫離危險重重的火宅。就告訴他們說：「外面已經準備好漂亮的羊車、鹿車、牛車！快出來玩哪！」孩子們一聽，爭相跑出來，脫離了火宅。長者心裡好安慰，好歡喜，各賜一輛華麗無比的白牛寶車，富麗堂皇，遠勝於孩子們心中所期待的車子，孩子們更開心了，因為這是出乎意料之外的收穫。

佛陀就是這樣一位大慈父，他身在三界之外，沒有危險，我們都是佛陀的孩子，年幼無知，卻陷入火宅，時而被毒蟲咬，時而被惡犬傷，時而被餓鬼噬，時而被隧樑擊，時而被大火燒，卻不知該如何趨吉避兇，脫離火宅，仍然逗留在危險重重的火宅中，嬉戲作樂，真是愚昧之至。佛陀大慈父為我們擔憂，想救度我們脫離苦海，用盡種種的方便、譬喻、言辭，教化我們如何轉苦為樂，到達永遠無煩惱、無痛苦的境界。這是真正可以信賴的，也是唯一可以依靠的，只有佛陀，是燈塔、是救星、是「真正皈依處」！在苦難中，偉大的佛陀，他絕不捨棄我們。

今天要和大家談談的，就是我們的慈父大導師佛，梵語 Buddha，翻成中文就是一個「覺」字。佛就是覺者，覺是有覺悟、覺察的意思；覺悟一切眾生皆有佛性，覺察人生無常、苦空無我的真理。而「覺」也是有不同程度的，凡夫是不知不覺，二乘人，即聲聞、緣覺等，則能自覺。至於菩薩呢！則不但自覺，且能覺他。唯有佛，則「自覺覺他、覺行圓滿」。以歷劫修因，行滿果圓。

自覺是智慧，覺他是慈悲。中國的老子和莊子，其實也都是覺悟的人，他們的道理好多與佛法相通呢。但是老子無為而治，莊子夢蝶戲妻，能自利不能利他，自覺而不能覺他，都顯得不夠慈悲。至於佛陀呢，他身為王子，棄榮華如敝屣，入山苦修，夜睹明星，得成正覺，他可以當下即入涅槃，也就是不生不死之境，而獲得究竟解脫。但是，他從樹下站起來，不捨眾生，回到人群中，說法四十九年，這就是佛與二乘人（羅漢）不同的地方。二乘有智無悲，佛則悲智雙運，所謂：「行無緣慈，運同體悲」，這是何等的情懷！

有的人不太了解佛教，心中總有一點疑惑，佛究竟有多少位呢？告訴各位，佛的數目無量無邊，如同大宇宙的星星，恆河旁的沙數一樣，無法估算。與我們最親近的一位，就是本師釋迦牟尼佛。這一尊佛，誕生於兩千五百多年前印度，是迦毗羅衛國的太子，他的父親是淨飯王，母后是摩耶夫人。悉達多太子年少時即感受到人的一生，任誰也不能免於生老病死等種種苦痛，為了救度眾生，於是出家修道，經過六年苦行，忽然夜睹明星而大徹大悟：「奇哉！奇哉！一切眾生皆有如來智慧德相。只因妄想執著，不能證得。」

開悟後的悉達多太子，也就是釋迦牟尼佛，遊化四方，有一千五百五十五位弟子，隨行在側，說法四十九年，建立僧團，而首創佛教。這位佛就是娑婆世界的教主，他在八十歲那年入滅，就是入涅槃。這裡我必須解釋一下：其實佛的壽命是不可限量的，為度眾生的緣故，示現生滅，而實際上並無生滅。

因為佛有三身：即法身、報身和應身，佛的法身是盡虛空，遍法界，無所不在的，法身無有生滅。根據金光明經玄義：

身即聚集之義，謂聚集諸法而成身也。所謂理法聚，名法身，智法聚，名報身，功德法聚，名應身。

理法聚為法身者，謂聚集法性之法而成此身也，智法聚而名報身者，智即能契法性之智，智與法性相合而成此身也。功德法聚名應身者，由智契理，聚集一切功德之法，起用化他，隨機應現，而成此身也。

所以法身，是無形無相，無色無嗅的，是佛的本體，能起大用。佛經中有這樣一則故事：

佛陀有一位大弟子，名叫須菩提，被稱為「解空第一」，有很多部般若經，都是佛陀與他一答一問來講說的。有一天，佛陀外出歸來，弟子們爭相迎接。須菩提心裡想：「佛陀的法身，並不在四大和合的肉體上，我奉行佛法，體證到諸法性空，不應該被事相迷惑。」因此他就沒有出去迎接佛陀。當時第一個跑去眾人之前，跪迎佛陀的，是一位蓮華色比丘尼，她說：「世尊，弟子第一個迎接到您。」可是，佛陀慈祥的告訴她：「蓮華色，你不是第一個來迎接我的，第一個迎接我的是須菩提，他觀察到諸法性空的道理，見法的人，才見到如來。」

所以《金剛經》中有說：「若以色見我，以音聲求我，是人行邪道，不能見如來。」色與聲，都非如來真實法身，若執著於表相，則不能見如來清淨法身。

再談到報身，釋迦牟尼世尊示跡，生於人世，具三十二相，八十種好，丈八金身，相好莊嚴，阿難即是感應如來智慧德相，心生敬慕而出家。而此身亦四大和合，緣盡即散。

至於應身，則是由法身本體起大用，隨因緣而發揮，「應」即有感應之意，是招感性，如我們心念觀音菩薩，觀音菩薩即會出現，所謂「千處祈求千處應，苦海常作度人舟」，各位讀普門品就知道了，無論是火災、風災、水災、危難、刀兵劫，一念觀世音，眾怨悉退散。而且至心懇禱，生男育女都可求觀音。

我也可為各位說一段親身經歷，在民國六十二年，我還在德國讀書時候，遇緊急車禍；我一心誦念觀音，座車彷彿飄忽而墜，車全毀而人卻毫髮未傷。這是千真萬確的；今天是觀音菩薩成道日，我正好作一明證。千處祈求千處應，就是菩薩化千身，在千處不同場所出現。就好比「千江有水千江月。」菩薩只有一位，能否在你的江水中出現，就要看你們的江水是清還是濁了。所以心要清，澄懷靜慮，好像一江無波水，月影必然顯現江中。若水中有波濤，或者混濁，月影就不能顯現了。

除了釋迦牟尼佛，與我們最有緣的，就是阿彌陀佛了，這一位佛的前世，名為法藏比丘，曾發過四十八個大願，談到他成佛後，理想國度的情形，大家念過《阿彌陀經》吧：「從是西方，過十萬億佛土，有世界名曰極樂……」

「若有善男子善女人聞說阿彌陀佛，執持名號，……一心不亂，其人臨命終時，阿彌陀佛與諸聖眾現在其前，是人終時心不顛倒，即得往生阿彌陀佛極樂國土。」這是何等方便的法門，念佛成佛，淨土宗皆以此為修行法門，其實，念阿彌陀佛是很好的事情，因為阿彌陀佛，有兩重意義，一者無量壽，一者無量光，老年人為求長壽，應念阿彌陀佛，年輕人為求前途光明無量，亦應念阿彌陀佛，學佛人求生淨土佛國，更應念阿彌陀佛。

「一句彌陀，說無生話，六月松風，人間無價。」家師上樂下果老法師常說：「六字洪名繫心中，聲聲喚出主人翁。」

阿彌陀佛，是西方的佛，而藥師琉璃光如來，則是東方琉璃世界的佛，他的國度亦如極樂世界一樣，是功德莊嚴的。大家唱過藥師佛讚嗎？「藥師佛、延壽王，光臨水月壇場，悲心救苦降真祥，免難消災障，懺悔檀那三世罪，願祈福壽延長，吉星高照沐恩光，如意保安康。」這首讚子是我小時候就聽姨媽唱的，好美好動人啊。

佛是大醫王，他為醫治眾生病根，設下各種藥方藥草，雖是色香味美，而頑強眾生，並不一定服用。尤其是藥師佛，若要祈求消災延壽保平安，就要多念藥師佛！

佛是無量無邊的，我們也要發願成佛，因為人人皆有佛性。讀過法華經的，必知釋迦牟尼佛為許許多多聲聞弟子、阿羅漢等授記，說他們當作未來佛。我們發願成佛，歷劫修行，於未來世亦將成佛，當然需要很長遠的修行，但是只要生生世世皆修行，總會有成佛的一天。

「人天長夜，宇宙黯闇，誰啟以光明，三界火宅，眾苦煎迫，誰濟以安寧，大悲大智大雄力，南無佛陀耶，昭朗萬有，衽席群生，功德莫能名，今乃知，唯此是，真正皈依處，盡形壽，獻身命，信受勤奉行。」

我們認識了佛，皈依三寶，接著就是信，信什麼呢？信佛所說。佛陀要我們相信：「一切眾生皆有佛性，皆能成佛，以妄想執著，不能證得。」佛教不單要我們「相信」，還要「理解」，要深入理解「諸行無常，諸法無我，涅槃寂靜。」及「諸法因緣起，諸法因緣滅。」有了「信」及「解」以後，還要有「行」。佛教是實踐的宗教，佛教教導我們：「諸惡莫作，眾善奉行，自淨其意，是諸佛教。」受五戒得人身，行十善昇天上，了十二因緣則為緣覺、辟支佛，行六度就是菩薩。

淨心、持戒、念佛、行善即是積功德，為往生淨土資糧，也是成佛的資糧。只有心心相印，時刻念佛，行往坐臥不離，才能與佛取得感應啊。

正信佛教徒的福份與喜悅

各位護持委員、各位善信大德：

今天很榮幸來到臺中，與各位善知識歡聚一堂。我今天的講題是「正信佛教徒的福份與喜悅」。有人會問：家財萬貫、高官厚爵，知識淵博、心地善良，難道得不到福份與喜悅嗎？其他宗教的信徒，禮拜行善，難道得不到福份與喜悅嗎？我想針對這兩個問題為各位解釋一下。「名」與「利」是世人所追逐的，卻都也是無常的，轉眼間成為過眼雲煙。而生命卻是短暫的。佛說：「人命在呼吸間。」

過去我有一位北大畢業的國文老師，她經常接濟貧困學生。代他們繳學費，是一位很好的老師。晚年卻因為婆媳失和，無法釋懷，而終日以淚洗面。雖然我勸她看看佛書，念念佛，但終因她早年受到五四思想的影響，（什麼打倒孔家店，破除迷信等觀念。）使她成為無神論者，想信佛卻信不起來。另一位是成大化學系的教授，是希特勒時代留德的前輩，回國以後一輩子守著實驗室，當她退休以後，僅與一條小黑狗為伴。有一天早上因忘了吃糖尿病藥，昏死了一整天，從此躺在醫院裡，變成植物人一般。因為替她拿東西，我發現她的書桌上只有一副紙牌，餐桌上幾截小段香腸和麵包。她一生奉獻學術研究，晚景卻如此淒涼。何以故？我認為是缺少了信仰。

至於其他的宗教，對人生固然亦會有很重大的影響。如德蕾莎修女、史懷哲醫生。他們心中有神。一生謙卑的貢獻，無私無我的精神，值得景仰欽佩！但是，我總覺得他們缺少對人生價值——究竟成佛，以及理性的因緣觀，畢竟有些不澈底、不究竟。

至於佛教徒呢？皈依了佛就是佛教徒了嗎？如果不信佛說，撥無因果，顛倒是非，終日營造身、口、意業，無慚無愧，而不知懺悔，則一樣會自作自受，如影隨形，絲毫不爽。

我們佛弟子，要做一個正信的佛教徒，必須具備下列六種條件：

1.信佛所說，2.發菩提心，3.行菩薩行，4.深信因果，5.懺悔業障，6.至心迴向。

1.信佛所說

所謂「佛法大海水，非信莫能入。」又說：「信為道源功德母。」信什麼呢？信佛所說啊！佛陀講經四十九年，為的是「令諸眾生，開佛知見，示佛知見，悟佛知見，入佛知見。」如果不聽聞佛語，那麼我們究竟在信什麼呢？所以要研讀經典，天台宗稱之為「經藏禪」。

何謂「佛知見」？簡單的說，就是相信「一切眾生，皆有佛性，一切眾生，皆能成佛。」《華嚴經》描述佛陀在菩提樹下開悟的情景：「奇哉！奇哉！一切眾生皆有如來智慧德相，只因妄想執著，不能證得。」我們相信佛陀是「真語者、實語者、如語者、不妄語者、不異語者。」所以就要相信，「一切眾生，皆能成佛。」我們也能成佛。有了這一層認識，才會跟隨佛的腳步，向著成佛的道路邁進。

2. 發菩提心

「有願才有行，無志事不成。」有了信心，我們還要發菩提心，所謂「菩提心」就是「成佛的心」。「菩提」就是一個「覺」字。人最怕糊裡糊塗，不知不覺。沒有理想，沒有人生目標。這種人，我們中國人稱之為「行屍走肉」。德國人也說“Wandernte Leiche”，是同樣的意思。

人在夢中，就是迷迷糊糊、似幻似真。而人生又何嘗不是南柯一夢，水月鏡花呢？夢醒後，清清朗朗，心不顛倒，才能夠做自己的主人。我們學佛開悟，見著主人翁，才能成為「覺者」，也就是「佛」。

3.行菩薩行

有目標、有理想還要付諸實踐。單是講理論是不夠的，曉雲導師常說：「禪前定後見功夫」，王陽明也說：「知行合一」。我們想學佛，就要行「菩薩行」，所謂菩薩，梵文是「菩提薩陲」(Bodhisattva)。漢譯為：「覺有情。」就是「上求佛道，下化眾生。」菩薩行在實踐層面，是行「六波羅蜜」，就是：布施、持戒、忍辱、精進、禪定、智慧。

4.深信因果

因果律是亙古不變的真理。即使科學家也講因果。不信因果的人，才敢作奸犯科。不信因果，不能稱為佛教徒。世界上沒有偶然、突發、僥倖，或無中生有。所以「種豆得豆，種瓜得瓜。」「一分耕耘，一分收穫。」佛家說：「欲知來世果，今生所作是。欲知前世因，今生所受是。」

5.懺悔業障

所謂「無業不生娑婆」。「業」是一種力量。是多生多劫潛伏在我們八識田的能量，它會牽著我們跑。善業拉我們做好事；惡業拉我們做壞事。我們佛弟子，要學習佛菩薩的大智慧，能在一念之間，轉識成智，把宿世業緣切斷，那才稱得上是大丈夫。

6.至心迴向

大家都記得，念完經要念迴向偈：「願以此功德，普及於一切，我等與眾生，皆共成佛道。」迴向是重要的功課，這是與我們初發心的功德相應的。所以不要忘記，念經念佛要迴向，行善布施也要迴向。

現在我們再談談：福慧與喜悅。我們常祝人「福慧增長」。那麼我們所祈求的福，是怎樣的福份呢？是子孫滿堂，是福壽全歸，還是無漏的福慧？我們信仰佛教，「皈依佛，兩足尊。」何謂兩足？即「福」與「慧」。有漏的福與慧，可以種福田求得；無漏的福與慧，是凡人無法想像的。即使如天人所獲得的福慧，仍然會享盡的，然後衰相畢現，再度輪迴，因為「有漏」，就好像一個篩子，會漸漸的流失。只有獲得「無漏」的福慧，才會超出六凡界，脫離輪迴之苦。至於如何獲得「喜悅」呢，則必須做到心淨、心安、心自在，喜悅才會自心底產生。種田人都知道，只有肥沃的土壤，才適宜於植物生長。雜草叢生，貧瘠的土地，怎會長出好的稻麥呢？同樣的，心田除雜草，去妄存真，「喜悅」的果實自然生長。同時喜悅也可以分送給你周圍的人，當他們獲得喜悅後，再分送給其他人，當然也會回報給你。這也是一種布施啊！同時也是一種源源不絕的良性循環，大家一團和氣，而歡樂美好的氣氛，當然可以感應到諸神的庇佑，及佛菩薩的加被。

安樂行品成就法將

佛說因緣生法，本人因佛緣來到大崙山。結束了數十年化學領域的研究，來擔任校務的工作，這一切都是緣。故今當以教育為終身之職志，也希望大崙山的華梵同仁們，能共結佛緣。

去年七月，在我上任前，曾為華梵許願閉關三個星期。每日誦念一部《妙法蓮華經》。在這段時間，使我深深體會到《法華經》之微妙，和佛法之不可思議。天台宗以法華為宗骨。屬於五時八教之第五時，又稱為醍醐時。於四化儀中，是非頓、非漸、非秘密、非不定。四化法中，則屬於圓教。所以稱為妙法者，因為其法旨甚深微妙，不可思議。二乘人如舍利弗之大智慧，尚且無法思量其境界之深廣，何況凡夫？

《法華經》融通大小乘，度脫一切眾生成就佛乘。經文中，佛為二乘聲聞授記；為五百弟子授記；為學無學人授記；為提婆達多授記。何以故？佛為一大事因緣故，出現於世：

欲令眾生，開佛知見；
欲示眾生，佛之知見；
欲令眾生，悟佛知見；
欲令眾生，入佛知見道故。

因此無論凡夫、二乘、菩薩，其最終之歸屬，只有佛乘。故佛說：「唯有一乘道，無二亦無三。」又說：「十方國土中，唯有一乘法。」但是眾生德薄垢重，不易信解如來深妙之法。如來慈愍眾生，巧設方便。故經云：「我有方便力，開示三乘法。」但是「雖復說三乘，但為教菩薩。」佛於法華會上，見當時大眾，在佛法薰修日久，習垢漸除之後，則轉教付財，融通淘汰，而開權顯實，會三歸一。

《法華經》被稱為「成佛之經」，是諸經中王。〈法師品〉中有道：「如來滅後，若有人聞《法華經》，乃至一偈一句，一念隨喜者，我亦與授阿耨多羅三藐三菩提記。若復有人，受持、讀誦、解說、書寫妙法華經，乃至一偈，對此經敬視如佛，種種供養……乃至合掌恭敬，是諸人等，於未來世，必得成佛。」

以上這一段文字，在我心中曾激起很大的震撼。因為身在娑婆世界末法時代，人心紊亂不安。學佛多年，我自覺對佛法，既不深入，亦不透澈。彷佛〈化城喻品〉中的旅行人，見寶城路途遙遠。不敢奢望早至寶所。即今親近佛法，才知人生無常，輪迴路險，遂願生生世世，修習佛法，不墮惡道。而今佛更明白的指出，能受持、讀誦、解說、書寫《妙法蓮華經》的人，乃至一句一偈，「是諸人等，已曾供養十萬億佛，於諸佛所，成就大願，愍眾生故，生此世間。」而且，「是諸人等，於未來世，必得作佛。」

身為佛弟子，豈可妄自菲薄？既有緣親近佛法，就表示過去世曾供養諸佛，故有荷擔如來宏法利生的使命，在末法時代，希望發揮一點作用。如今最迫切需要的就是教育，因為只有教育才能挽救世道人心。宏法利生的方法，就是透過講經說法。講經功德十分殊勝，何況是講解奧義深妙的《法華經》呢？因為「若善男子善女人，我滅度後，能為一人說《法華經》，乃至一句，當知是人，是如來使，如來所遣，行如來事。何況於大眾中，廣為人說。」

一般教學，只需具備專業知識，即可擔任起傳道授業之神聖職務。要講《法華經》，卻不是那樣容易，必須具備有講說《法華經》的條件。那麼究竟講說《法華經》的人，要具備怎樣的條件呢？〈法師品〉中，總其綱要是：「入如來室，著如來衣，坐如來座，爾乃應為四眾廣說斯經。」何謂入如來室，著如來衣，坐如來座？經中有云：「如來室者，一切眾生中大慈悲心是；如來衣者，柔和忍辱心是；如來座者，一切法空是。」所以講經之人，必然是具備慈悲忍辱者。〈安樂行品〉中，佛對文殊師利菩薩言道：「若菩薩摩訶薩，於後惡世，欲說是經，當安住四法。」此四法者，即身、口、意及誓願四安樂行。

〈安樂行品〉中，首釋身安樂行，分別為菩薩行處及親近處。經云：「若菩薩摩訶薩，住忍辱地，柔和善順，而不卒暴，心亦不驚，又復於法，無所行，而觀諸法如實相。亦不行，不分別，是名菩薩摩訶薩行處。」至於菩薩摩訶薩親近處，即有：「約遠論近者十：遠豪勢、遠邪人邪法、遠兇險戲、遠旃陀羅、遠二乘眾、遠欲想、遠不男、遠危害、遠譏嫌、遠畜養；約近論近則為：常好坐禪，在於閒處，修攝其心。約非遠非近者三：觀一切法空如實相，不顛倒，不動、不退、不轉，如虛空，無所有性。一切語言道斷，不生、不出、不起、無名無相，實無所有，無量、無邊、無礙、無障，但以因緣有，從顛倒生，故說。常樂觀如是法相。」

至若口安樂行者有四：則指「不說過、不輕慢、不歎毀、不怨嫌。」

意安樂行者，有「不嫉誑、不輕罵、不惱亂、不諍競，為以大悲想治嫉誑，慈父想治輕罵，大師想治惱亂，平等說法治諍競。」

誓願安樂行者，「於在家出家人中，生大慈心；於非菩薩人中，生大悲心，」此即行無緣慈，運同體悲之意。

現根據明藕益大師所詮之《法華綸貫》，將安樂行，依事、附文、及法門分別解釋之：

一、依事釋：身無危險故「安」，心無憂惱故「樂」；身安心樂，故能進「行」。

二、依〈法師品〉釋：著如來衣，則「法身安」；入如來室，故「解脫心樂」；坐如來座，則「般若導行」。

三、依〈安樂行品〉釋：住忍辱地，故「身安」；而不卒暴，故「心樂」；觀諸法實相，故「行進」。

四、依法門釋：「安」住不動，六道生死，二乘涅槃，所不能動。「樂」名無受，有受則有苦，無受則無苦，無苦無樂，乃名大樂。「行」名無行，不行凡夫行，不行聖賢行，故名無行，而行中道，是名為「行」。

大師此一註解，可說十分清晰，而予人一種更明確的了解。

今日社會亂象紛擾，眾生疾苦。佛弟子若果沒有大慈大悲的精神，如何能了解而至講解《法華經》的深義呢？這一部經並非以口宣揚即可，而必須發之於內誠，契入佛心。所以大乘菩薩「上求佛道，下化眾生」，悲願即是菩薩力量的來源。眼見耳聞得知，普天之下的人間疾苦：或因家庭倫常悲劇，或因天災人禍；又如醫院裡的絕症病人；或靠呼吸器維生的植物人；手鐐腳銬的精神病患；大小便失禁、輾轉床第的老年人……何異於人間地獄？儒家尚稱：「惻隱之心，人皆有之。」又何況是行無緣慈，運同體悲的佛弟子？所謂「慈能予樂，悲能拔苦」，此即布施波羅蜜。如觀世音菩薩能「照見五蘊皆空，度一切苦厄」，因為菩薩大慈大悲，不捨眾生。

常懷慈悲，待人則寬厚，能諒解寬恕別人，利益眾生。心量也愈形擴大。就是擁有一份大慈大悲，才有希望進入如來室。我們常稱寺廟為「如來之家」，但要具有真正的大悲心，才能入「如來室」，作如來的入室弟子。這樣與佛的距離也就更接近了。

所謂如來衣者，柔和忍辱心。末法眾生剛強，不易馴服，貢高我慢。所謂個人意識高漲，執著於我、人、眾生、壽者。例如監獄中的囚犯，服刑期滿，又復再犯，如上毒癮般，所以稱為「剛強眾生」。不信佛法，不畏因果，即使少時片瞬有懊悔之意，旋即又忘，所以謂之「剛強」。唯有柔和善順，才有空間和彈性去思考及接納別人的意見，所以容易調適轉化。

忍辱波羅蜜，是菩薩行。真正的忍，「內無能忍之我，外無所忍之人，中無所忍之法。」《金剛經》有：「忍辱波羅蜜，即非忍辱波羅蜜，是名忍辱波羅蜜。」佛行忍辱，無四相，能所雙泯，寂然不動。所以柔和忍辱心，也不執著於相，是如來之寶衣。著此寶衣而說《法華經》，則是「以佛莊嚴而自莊嚴。」《金剛經》中，不受不貪分有云：「知一切法無我，得成於忍。」是修佛法之要旨，因有我，則難忍。而無我，始能忍人之不能忍，如是忍而無忍，是為大忍。

所謂坐如來座者，「諸法實相，則萬法空寂，如如實相。心不顛倒動亂，猶如虛空，體了因緣性空」，而後可安穩泰然，為眾宣講《法華經》。

天台宗闡揚菩薩精神，以四悉檀統攝一切佛法。四安樂行，其實即貫通四悉檀：所謂世界悉檀，各各為人悉檀，對治悉檀，及第一義諦悉檀。如「當對一切眾生，起大悲想；於諸如來，起慈父想；於諸菩薩，起大師想；於十方諸大菩薩，常應深心，恭敬禮拜；於一切眾生，平等說法。」此是世界悉檀。說法之人，行身、口、意安樂行，因此三業清淨，行六度波羅蜜，此是各各為人悉檀。而以忍辱波羅蜜，破嫉恚、諂誑、邪偽、憍慢、虔誠恭敬、精進不懈、行大慈悲，而入佛慧。此是對治悉檀。寂然無染，不動如山，此是第一義諦悉檀。

故講說《妙法蓮華經》，是以四安樂行，來成就說法之人。「入如來室，著如來衣，坐如來座。」深入經藏，為度眾生而說法。如是之人，是「如來使，如來所遣，行如來事」。可稱作為如來之法將。

《妙法蓮華經》第二十三至第二十八品，共有六品，稱為「六支法將」。這六品文中，與娑婆眾生最有緣的是〈觀世音菩薩普門品〉；〈妙音菩薩品〉，是用音樂亦可度生之善巧方便；〈藥王菩薩品〉中藥王菩薩大願度生，不可思議；〈妙莊嚴王品〉則甚深微妙；〈陀羅尼品〉中，鬼王護持修《法華經》；最後第二十八品，〈普賢菩薩勸發品〉，勸誦《法華經》。這一品也就是法華三昧懺。因為是「全性起修，全修在性」，所以〈普賢菩薩勸發品〉之懺文，是最徹底的懺法。

佛教教育與未來學

談到未來學，首先令人想到的必然是資訊。其實，依照目前的發展趨勢，來分析、研究、推測不可知的未來，並且作預早的規劃及妥善的安排。可以減少不必要的迂迴曲折的歧途，防範於未然，或者掌握先機，贏在起跑點前，應該都屬於未來學的範疇。

自古以來，人類對於未來就懷有一分好奇，一分恐懼，故而產生探測之心，這一種心理，古今中外皆相同。例如中國古代之占天象，卜筮卦；西方人的占星術，水晶球，以及各種推究命理之學，不知凡幾。有富哲學意義的，但也有無知迷信的，上智下愚，對於不可知的未來，興趣完全相同。作為佛弟子，對於占星問卜，其實是不被贊許的。因為佛陀的教化是積極的，改變命運操之在我，未來必須憑著自己的力量去開拓、去創造。

依照佛教對於生命的詮釋，「無業不生娑婆」，人的一生，雖然有一部分已經注定了，那就是前世所作之因，而產生今生所受之果。如此推論，有人誤以為佛教為一種宿命論，其實佛教的人生觀並非如此。相信宿命論的人，其人生必然悲觀消極。佛教則認為人的一生，仍是掌握在自己的手中，需要人本身不斷的規劃，與努力開創的。所謂：「種豆得豆，種瓜得瓜。」例如海明威的名著《老人與海》一書中，所提及老漁人的釣竿，一半是在海面以下，看不見、摸不著，意味著人們無法掌握的命運，然而仍然有另外的一半在海面上，可憑藉著人類的努力奮鬥，來改造自己的命運，爭取幸福與美滿的人生。

未來學的研究

人類對於未來的研究，雖淵源已久，但是近世紀來，由於資訊之突飛猛進，對人類的未來發展，產生了震撼性的影響，艾文・托佛勒(Toffler)說：“Information is power.”（資訊就是力量）。吾人若然對它仍抱持著一種排斥，或是不聞不問，那將是社會國家及個人的嚴重損失。因此作為現代人，為了子孫的幸福，為了人類的將來，對於資訊的掌握，以及未來之發展研究，實屬十分重要。中國人所謂「未雨綢繆」，正是對未來作準備的意思。資訊本身是中性的，無所謂善惡是非。但是「水能載舟，亦能覆舟。」倘若使用者利用它為人類謀求福利，那麼在工作上，可以節省人們的時間精神，把事情辦得更有效。如電腦同步會議，與會者可以在不同的地方，溝通意見。又如作家可以應用電腦毫不困難的編寫書籍，甚至電腦可以代為修正錯字和文法章句。醫生們可以透過網路連線會診，及遠距查詢病人的病歷。建築師可以利用它作三度空間的設計，電腦輔助教學是時下最流行的教學方法，全世界的人們都可以透過網路，共享所有知識圖書寶藏，調查全球各地商品行情及瞬息萬變的新訊息，至於計算尖端太空星際的資訊，或是探討原子世界的奧秘，更不能缺少電腦的輔助功能。資訊之用，至今仍在不斷的擴張中。然而資訊電腦的功能，一旦被壞人利用，即可能會成為犯罪的工具，甚至引起人類的空前浩劫，如電影中所描述的毀滅性的事情，並非全不可能。有一部電影，描述一座智慧型大樓，完全由設計最超越的電腦控制。卻因為有一位新職員的疏忽，把刷卡折損了一點點，竟招來整層大樓人物全毀之大災難。因此電腦資訊為福為禍，端視乎使用者所存之心意，善良的人用以益人，惡毒之人用以害人。如何使人棄惡從善，必須重視人文教育，發揮人文精神的功能。

影響未來的因素

在談到未來之前，首先要定義「未來」。一般而言，下一個世紀，可以說就是我們的未來。廿一世紀在四年後即將來臨，下一個百年的人類生存的環境是值得我們用心探索的。

對於未來全球局勢的走向，艾文・托佛勒窮其三十年時間精力所研究寫成的《未來三部曲》中，有完整而詳盡的分析報告。另外還有《亞洲大趨勢》等暢銷書，可提供參考。我今天所想探討的，是與我們最直接相關的臺灣，佛教教育應如何發揮。然後推至兩岸三地的中國人，再由近至遠，略為分析與世界的關聯性。

對於未來時局影響最為深遠的因素甚多。終歸而言，有政治、經濟、社會、教育、資訊、文化等眾多層面。在眾多函數中，影響最為長遠，而表現出來的變化卻並不急劇的，就是教育。教育的功效，雖無法立竿見影，但其影響力卻毋容忽視，而且毋遠勿及。它可以引導政經，改造社會，更可以締造新文化，甚至新世界。對人類的未來發展及影響，意義極其深遠。

教育的目的，原是「為未來作準備」。整體而言，教育應包括德、智、體、群、美五育，使年輕人成為立足社會有用之才。但目前的教育生態，過於偏重智育，失去了五育之間的平衡。佛教的教育，是成就完人的一種教育理念，其實絕不限於年輕人。現在教育部提倡並鼓勵生涯規劃，終生教育，成人教育，本人十分贊同。但是，對於這一種終身不斷教育的補強，值得我們深入研究規劃，尤其是佛教教育。課程中除了要教人關心了解地球村及其生態外，更需要加強人文通識教育，尤其是對心性的修學及培養。人生來都有缺點，應不斷的自我反省，成就最崇高的人格。誠如太虛大師所說：「人成即佛成」，儒家所謂「止於至善」。佛家所謂：「成等正覺」。成佛是人生最偉大的終極目標。要達到此一理想目標，需要不斷的自覺、反省、以去妄歸真，而成就至高無上的佛道。在修道的過程中，要趨善去惡，以昇華人格。所以說佛教的教育是最徹底的。佛教是一種啟迪智慧，淨化人心的教育，是將人類有生以來即已具有的明靈覺知，作終身淨化的工作。所以接受教育的對象，不限定為年輕人。梁啟超曾說：「佛教是心性之學」，所以是最根本的教育，從迷至知，從無明到覺悟，這一教育之過程，漫長而艱辛，但可憑人類堅毅不拔的勇氣和精神來達成目標，也許需要多生多劫的修行。

臺灣的現在與未來

近年來，臺灣的社會變遷十分迅速。隨著西化、國際化、資訊化、多元化與現代化的腳步，地球村已然形成。吾人自不能自外於地球村外。但另一方面，則需把握自己的中心思想，站在自己的崗位上，既不能墨守成規，抱殘守缺，更不能隨波逐流，見風轉舵，失去原則和方向，而被時代之潮流所淹沒。如今臺灣社會風氣敗壞，不講倫理，未嘗不是盲目接受西化和現代化的影響，這是值得我們共同研究探討的重要課題。

目前臺灣的政治處境，十分艱困，統獨問題爭論不休，而對岸的強權不斷的施壓，內部既無法取得一致的國家認同，而外面中共的威脅始終存在，人心動盪不安。至於經濟層面，完全受政局左右，可由今年總統選舉時，中共之軍事演習，發射導彈，導致股市狂瀉，房價大跌，移民劇增，即知其事態之嚴重性。民主政治體制雖已成型，這些年來的民主化運動，沒有帶來大流血與大暴動，可稱得是有驚無險，也算得上是臺灣之福。但是我們為它所付出的無形成本，卻也是相當高昂的。我們的國會常因爭吵打毆，導致議事癱瘓。我們的社會動不動即有抗爭，甚至時而發生拳腳相向，公權力不張，金權掛鉤，黑道橫行，的確令有志之士憂心忡忡。臺灣的經濟雖名列世界第十四貿易大國，然而自從兩岸經濟政策開放以來，臺灣對大陸的投資總額，根據非官方的統計已增加至兩百億，彼此之間相互關係已然是唇齒相依。因此經濟發展之未來走向，完全受到兩岸政治局勢所限制，加上大陸政府不斷的阻撓臺灣在國際上的發展空間，經濟缺乏一個鞏固堅實的基礎。

在這種環境下，我們的教育發展應如何？現在的臺灣人，因為避免泛政治化而國家意識薄弱，今天的社會，人人以自我為中心，而忽略別人。夫妻之間感情淡薄，相互間容忍大不如從前。尤其是社會價值觀的改變，婚姻關係十分脆弱，離婚率大幅度增加。單親家庭問題嚴重，而不幸的婚姻，常是殘害下一代最大的隱憂。

另一方面資訊的發達，社會多元化，而教育則徹底失敗。倫理綱常失去了標準，舊的價值觀不再受到普遍的重視。年輕人所崇拜的是西方人的生活方式，卻不去深入了解西方人傳統的精神。名利權色，是現代人盲目追求以至不能自拔的目標，彷彿跑得快的車輪，無法片刻停止。許多模糊混淆的觀念和荒誕的思想行徑，不能不歸咎於大眾媒體。我常認為電影、電視、報章、雜誌應該負起一部分責任，因為醜陋的社會新聞，加上新聞媒體渲染誇張，觸目皆然。年輕人心志尚未成熟，血氣方剛，習氣所薰染，以致無可自拔。此外家庭失去溫暖，年輕人離家出走、沈迷賭博、電玩酒色，或者交壞朋友，甚至無惡不為。青少年問題在今天的臺灣社會，可說是愈來愈嚴重了。

現在教育發展的盲點

談到目前臺灣的教育問題嚴重，社會、家庭、學校三方面必須負起相當重大的責任。今天的臺灣社會，太自由開放了。一方面是所謂民權主義高漲，人們對於知的權利要求的結果，造成資訊的泛濫。升學補習，課業繁重，導致學生身心沉重的壓力。家庭缺乏溫暖，而限制級的暴力色情影片，都可以毫不困難的登堂入室。電動玩具店林立，青少年沈迷於斯，不但荒廢學業，更令人憂心的就是這些商店內的藏污納垢。如誘騙青少年吸食毒品、誨淫、賭博，一旦失足，青少年所付出的代價則是一輩子的幸福。我們經常聽到少年犯為了搶錢玩電玩，吸毒賭博之事。亦有少女為了愛慕虛榮享受，受騙受害而淪為未婚媽媽，甚至於被拐騙淪為雛妓應召女，嚴重破壞了社會善良風氣，造成下一代的身心創傷。最近又常有青少年飆車事件，並揮刀傷及無辜，如此發展下去，還會亂成什麼樣子呢？另一方面，有些被稱為「新新人類」的年輕人，行事處世的作風，常只有顧到自己而不為別人著想，如廣告所云：「只要我喜歡，有什麼不可以。」又加上如今在國會殿堂，咄咄迫人質詢問政的態度，絲毫不會尊重別人，卻已成為時髦。連電視都有以兒童模仿立法院來質詢的廣告。我們知道，無論小孩、少年幼小的心靈，都是以大人為模仿學習的對象，而且他們的模仿力特別強。德國有句諺語："Die Eltern leben, die Kinder erleben."（父母生活，孩子們學習生活）。國內許多大學的學生，熱衷於組織學生議會，一有機會即與學校對立抗爭。我們權且不談所抗爭的事件是否合理，而校方與學生之間的感情，久而久之，即被消磨殆盡。如今不是討論應該歸屬何人之過，而是應該認真解決問題的時候，否則恐怕為時已晚了。

佛教教育的功能與使命

在傳統的觀念中，佛教是宗教哲學。一向出家人都是以修行證道為根本要務，佛法與社會教育，似未能有緊密的結合。事實上，佛陀本身是一位有史以來最偉大的教育家，若說孔子是中國儒學的萬世師表、至聖先師，那佛陀則是全人類的萬世師表、至聖先師。我們有義務與責任宏揚佛教正法，闡揚佛陀的教育理念。

今天的臺灣社會，雖然有許多不肖之徒，盡做些不義之事。但幸運的佛教仍十分普遍，為善之人亦不算少。尤其是近二十年來，佛教的領袖人物，都能本著慈悲救世的宏願，積極從事社會工作，利益眾生。除了慈善事業深入民間外，醫院之設立，大學之興辦，都是史無前例，前所未有的。自華梵大學創立後，明年又將有南華管理學院及玄奘人文社會學院相繼核准招生，而慈濟人文社會學院及法鼓山人文社會學院亦在籌設中。佛教興起了一股前所未有的辦學熱潮，希望也能為未來的寶島帶來佛陀的教化，而感格人心，不負天下佛子殷切的期盼。

佛教的教育，是對宇宙人生真理的追求，是最高真我的完成與實現，也就是轉識成智，對究竟人生真理的領悟與實踐。其方法必須透過淨心誠意無私無我，全神投入為眾人之事，方能覺悟最高真理，止於至善，成就神我人格。佛教教育首重自覺，就是要透過自我反省、自我啟發、增進心靈不斷的淨化，才有空間發揮人類的潛力與潛能。而產生更偉大的創造力。佛教講空，不是消極的空。而是在「去人欲，存天理」後，空生妙覺，產生更大的智慧。所謂「一念不生全體現」。智慧是需要在靜慮中培養的。所以佛教修持中，有調身、調息、調心，用這種佛法的修為，必可有所發揮及創造。

佛教教育對未來的影響

佛教的教育與一般其他教育不同之處，主要是在於「心性之學」。心性的表現，是在於人的覺知。人的內在修為，需要自我觀照以達明心見性。這一種教育是自我反省的教育，需從六根起修：所謂六根者，即眼、耳、鼻、舌、身、意，以六根與六塵相對，六塵者，色、聲、香、味、觸、法。「根塵為緣，識生其中」。所謂六識者，是見、聞、嗅、嘗、覺、知。時時守著六根，不令其起惑造業。眼不逐色，耳不迷聲，《涅槃經》有云：「如龜之藏六」。以聞思修為實踐方法，由戒生定，由定發慧。三無漏學，是佛教教育之根本。而牧心之術，以「戒」為依歸。是以佛陀曾說：「佛住世之日，以佛為師。佛滅度後，則以戒為師。」所以覺性之根本教育，首先要認識「戒」這一位嚴師。無規矩不能成方圓，有戒之人舉止行誼有度，「行則徐而穩，立則定而恭，坐則端而正，言則低而柔。」誠於中而形於外，恭於外必敬於心。有戒則言語行動，有一定之準則，不輕易受環境所影響，如如不動，是為禪定。不但身不動，心亦無有妄想雜念，久之心淨則可產生智慧。

至於做人處事，佛陀的教化中，更有無盡的寶藏。天台宗有「四悉檀」，悉檀 Siddyhana 是梵文，譯即「成就」。分別為世界悉檀、各各為人悉檀、對治悉檀及第一義諦悉檀。佛教教育要對未來提出具體的影響和貢獻，天台宗的四悉檀是很根本的原則。世界悉檀是人際關係，時下各種紛爭，多是由於人與人之間的不和諧、不信任所產生的。所以人際之間的敦睦關係，非常重要。為人悉檀是成就個人的崇高人格，以八正道為成就人格的不二法門：包括正見、正思維、正語、正業、正命、正精進、正念、正定。四正勤則可斷已生之惡，防止未生之惡，培養未生之善，增長已生之善。對治悉檀是調攝身心疾病。佛陀是大醫王，佛法是藥草，能對治眾生之煩惱疾苦各種心病。第一義諦悉檀則是覺悟究竟圓滿。

在不久的將來，臺灣由佛教界所創辦之大學院校將至少有五所，若能共同合作，相互學習切磋，建立共同的教育目標與模式，發揮佛教教育的崇高理想，使更多的大學知識青年，接受佛法的薰陶，如此更多青年人格氣質均有轉化，更多人正信佛法，心正意誠，柔軟質直，忍辱謙卑，行菩薩行，能為利益眾人之事，繼而可影響家庭、兄弟姐妹，佛化家庭父慈子孝，兄友弟恭，則社會必少一分暴戾之氣，而更溫馨祥和。善良風俗可以導致國富民強。近年來由於兩岸的互動及中共的改革開放，大陸的寺廟重修，信仰之復甦，如久旱逢甘霖。大陸的老百姓對佛法所表現出的熱忱及渴望，可能是未來佛法大盛於中國的先兆。根據《亞洲大趨勢》書中所言：廿一世紀是屬於中國人的世紀，如此說來，則中國人的信仰文化及生活方式，也可能影響地球村全人類。另一方面，佛教教育要跟得上時代的腳步，要加強掌握資訊的脈動，才能掌握世界人類的發展方向。資訊的發展，可以說是一日千里，若能善加利用，佛教教育結合資訊，如虎添翼。如大藏經上網路，用電腦輔助講經說法教學，資訊之傳播流通，都會有極大的助益。

華梵的模式

華梵大學之創辦人曉雲法師，四十年前即提出「覺之教育」的理念，對學子施以景教與境教，建校於大崙山頂，風景清幽，而校園內將有五區十景，寓教於生活之中，此外並推行「二部並進」的具體做法，即培植僧材的學佛園和社會大學同時並進。華梵的青年學子，可以在佛法的薰習中，獲得健康智慧的人生目標。有些青年人，希望人生有一個中心思想，來到華梵佛學研究所，或是蓮華學佛園，同樣亦可以接觸到社會大學的各種課程。本屆華梵佛學研究所與華梵大學聯合舉辦此一佛教教育研討會，即是推動佛教教育、藝術、文化，可以說是實踐「二部並進」的一種具體的表現。

結論

為未來作準備，不能夠再污染環境，不可以再恣意破壞地球生態。要用教育感化及喚醒人們，愛護珍惜宇宙自然界的一切生命，如湯恩比所說「人類是大自然的一部分，但不是它的主人。」人類並沒有權利主掌大自然。人類的自尊自大，已經嘗到了惡果，帶來了極可怕的能源危機、溫室效應、及臭氧層的破壞，自然生態失去平衡，如此下去，地球無法居住，人類正一步步走向自我毀滅之路。從佛法的角度來觀察，實在可悲可憫，自大無知的結果，終會帶來更大的混亂與危機，不思謀求解決之途，只一味朝向工業發展、經濟繁榮方面作想，而忽略了人類的精神面，人類的將來十分堪憂，人是活動的有機生命，需要人文的養分調攝。佛教是心法的教育，能提供心靈的滋養。若能發展佛陀的偉大教育精神及理念，則可以善導人們信佛學佛，以期化娑婆為極樂，轉穢土為淨土。

科學時代佛法的體證與修持

科學與民主，如眾所周知，是西方文明的結晶。五四運動以來，有志青年，對於此一富國強民之學，莫不趨之若鶩。甚至有全盤西化的主張。對於傳統的固有文化，則不屑一顧、棄如敝屣。殊不知中華文化，博大精深。可惜國家積弱甚深，兵禍延連，未能將其系統化而發揚光大。例如《書經》中有「民惟邦本，本固邦寧」及「天視自我民視，天聽自我民聽」，此實民主精神。〈禮運大同篇〉，即為理想世界，何必捨近而求遠。

科學為人類帶來了繁榮、富足與進展：例如電燈、電話、冷氣、暖氣，均已成為日常生活起居之所必需，而飛機、汽車、火車、輪船則帶來交通之便捷。電影、電視提供人們之休閒娛樂；醫藥之進步亦可延長人的健康和壽命；如今電腦資訊神速的發展，更造成農、工業革命後的第三波，如此高度的物質享受，科學時代的人類是否感到幸福呢？

然而，生活在今天的人們，恐怕並不見得比農業時代的老祖先們來得幸福。科學雖然可以造福人類，卻一樣可能帶來災害：且不談戰爭時的新式武器殲滅人類是多麼的可怕，或是廣島長崎的居民，至今仍受到原子輻射遺害所影響。我們只需看看核電廢料處理的問題，工廠廢氣物污染環境的問題（包括空氣水與土地），臭氧層被破了個洞，生態平衡受到嚴重的破壞。我們吃的喝的都不衛生：含有農藥殘留物的菜蔬，和含有毒素病菌的飲用水，有的人甚至住進了輻射鋼筋屋，而都市空氣中所含氮化物、硫化物和碳化物，都一天天在殘害著現代人們可憐的肺和氣管。毋怪乎癌症病人日益增多，其原因卻無法獲知。

而今社會動亂、人心不安、犯罪嚴重，舉世皆然。於今之世，身為知識分子，應有一安身立命之道：「世界瞬息萬變，我將何以自處？」

加州理工學院的天文學教授翁玉林曾言道：「直到最近我才認識到真正造就西方的不是賽先生和德先生，而是五百年前的馬丁路德。他創造了新精神，由此發展出科技與民主，交織著道德倫理而使文明鞏固。我們中國人學習了後半段的改革，而那時西方已出現了資本主義和帝國主義。中國的知識分子錯認了西方精神文明的成就，同樣西方人也錯了。」

時空變換了，人們的價值觀也改變了，對事物的觀點與角度，也有了新的評估。人們逐漸了解畢竟不是一切真相，都可以拿出直接具體的證據，來說明它的存在。

今天在臺灣的中國人，得到了物質生活上從來未有過的豐足。社會繁榮，經濟發展更是極有成就。然而政治不穩定，社會不安寧，這五十年來，臺灣走過貧困、歷盡艱辛，換來了富庶。然而貧富不均，自所難免。更由於外界紛擾，金錢掛帥，物欲橫流，影響內心。有一部分貪心重的人，即行走私黑槍、販毒搶劫、以謀暴利。嗔心重的人，則因本身不如意，而無故與人結仇結怨，稍不如意，則打人殺人，暴力相向，身蹈法網。癡心重的人，精神彷彿，意念顛倒，實在可憐可悲。

然而對於一個淡薄名利的人，常會保持心清意淨，不為外境所迷惑，不逐物欲，不執著得失，古云：「無欲則剛，有容乃大。」亦有云：「人到無求品自高。」此即所謂大丈夫：「貧賤不能移，富貴不能淫，威武不能屈。」

身為科學工作者，要時刻警覺到，科學之為物為用，而非本體究竟。迷信科學，就如同愚夫愚婦迷信神祇一樣，到頭來仍是一無所獲。科學本身是中性的，並無善惡是非。在善人手中，它必為人類造福。《華嚴經》云：「菩薩入世，當向五明處求。」五明者：因明、內明、聲明、工巧明和醫方明。（因明相當於邏輯學，內明相當於宗教學，聲明相當於語言文字學，工巧明相當於工藝技術，而醫方明則相當於醫學。）其中工巧明實包含如今之科技，是度世利生之工具，而學佛者必需重視它。愛因斯坦說過：「科學沒有宗教是瞎子，宗教沒有科學是跛子。」亟思其義可知，瞎子在黑暗中摸索，沒法子找到正確的人生方向。另一方面，宗教若有科學之神足輔助，則可以更快速的拯救人類，一日千里。

談到宗教，則是以「人」為本位，依佛教而言，人類之色身為四大所成。故曰：「人身為一小世界。」所謂四大者，地、水、火、風為四種組成世界之元素。地者，實質堅固，亦即固體。水者，有相無定形之流質，亦即液體。火者，能量存在之一種方式，亦即熱能。風者，無形無相之流質狀態，亦即氣體。世界是由四大所成，而人身亦由四大所合成。四肢、內臟、器官等有形有相為地，水份血液則為水，呼吸作用、氣體循環則為風。所以佛家謂人身為一小世界，亦由地、水、火、風四大所成。對於學習科學的人而言，是很容易可以了解的。依照物質不滅，能量不滅等定律，在一定的條件下，根據 $E=mc^2$ 物質與能量可以互換。

五蘊者，指色、受、想、行、識。色為身法，即「四大」因緣和合而成之身體。而受、想、行、識為心法，是心理狀態、思維作用、意識活動種種。例如一部電腦，其硬體部份為「色」，在主機(Monitor)上鍵入(key in)數據的功能為「受」，傳譯機(Compiler)將其訊息翻譯為電腦之語言(Binary Language)，此即「想」，經過中央處理機(CPU)計算處理為「行」，而所產生之資料結果藏於記憶體(Memory)中，此可比類「識」。

人之一生，任誰都免不了生老病死。有生必有死，十二因緣中對此有非常清楚而又符合現代生理學的解說，我們可以加以探討。由此即可證明佛陀之眼（佛有五種眼，即肉眼、天眼、慧眼、法眼、佛眼），微細如塵沙芥子，巨大若浩瀚宇宙日月星辰，無一不了然如觀掌中菴摩羅果。

先說十二因緣：無明緣行，行緣識，識緣名色，名色緣六入，六入緣觸，觸緣受，受緣愛，愛緣取，取緣有，有緣生，生緣老死。

何謂「無明」？「無明」是生死之根本，煩惱苦集之總稱。「行」則為無明蠢動，入胎之時為「識」，當胎兒在母體內若一、二月，未具人形先有「名色」。「名」者受想行識等四蘊，而「色」即色蘊。當胎兒長大至四、五月後，有眼耳鼻舌身意六根生成，即所謂「六入」，「六入」為六根具足之時。「觸」是胎兒剛出得娘胎後，六根與六塵相交而已，尚未能在意識中留下印象。「受」是約二、三歲之嬰兒，取納色聲，尚無有愛欲之心。直至幼兒四、五歲時，則心識已知所「愛」。少年男女十四五歲時，則對於貪欲，產生佔「取」之念，而後擁「有」之，結果招感「生」業而有「老死」。如是則有生死輪迴。其中包括三世因果，「無明」與「行」為過去二因，「識」、「名色」、「六入」、「觸」、「受」，為現在五果。「愛」、「取」、「有」為現在三因，而「生」與「老死」，則是未來之二果。又可見「果」為「苦」，而「因」則是「集」苦之因。

佛陀所證悟到的真理是緣起論，所謂「諸法因緣起」，因緣業果，恰如一個化學反應，

「因」是反應物，「果」是生成物，「緣」是反應條件如溫度、壓力等，而「業」則是如催化劑、促進劑之功。

人和機器的運作好像啊！人的功能和電腦不是一樣嗎？在《觀普賢行法經》中，有所謂「機關人」。我們都知道，一部機器需要打開總開關，機器才能運作。人的心，就如同此一開關。起心動念，即有行為造作。所以稱之為機關人。佛法實在是太微妙了。

外界森羅萬象。可見、可聞、可嗅、可嚐、可覺、可知之色、聲、香、味、觸、法。我們稱之為六塵。若經過人體的六根，也就是眼、耳、鼻、舌、身、意的接受，互相作用，即產生了六識，也就是分別心。《楞嚴經》云：「根塵為緣，識生其中。」而這六識，即是見、聞、嗅、嚐、覺、知。與六根、六塵加起來，合稱為十八界。其中根、塵皆色法。而識者是心法。

六根、六塵與六識，事實上都不是「我」，不是自性。《楞嚴經》中有云：「見見之時，見非是見，見猶離見，見不能及。」是什麼意思呢？「見見」中第一個「見」字，是指能見的「眼」，第二個「見」字是所見的「色」。這四句話翻成白話文就是說，眼睛看到顏色的時候。眼根還不是我們的見性。眼根尚且離開見性，何況是所見到的色境呢？因為佛法是心法。人都執著身為實有。以為是我的本體。因此，找不到自性。這也是佛陀喝斥阿難：「從無始來，不知常住真心，性淨明體，用諸妄想，此想不真，故有輪轉。」談到識，前六識還只是分別臆度。第七識稱為末那識。第八識則為阿賴耶識，亦名藏識。末那識是我執：「外執於法，內執於我。」而第八識又稱為識田。所有思想造作，所感受的果，均跌進八識田中。無論善因善果，惡因惡果遍藏了進去。形成業力。此是潛在的一股力量，故曰「潛力」。例如化學反應，必有能量之產生。此識隨人生死輪迴，上昇下沉。當能量累集到臨界點時，就會爆發出來，業力亦是如此。所以有三世因果，如善業帶人為善，惡業帶人為惡，善業招感善果，惡業招感惡果，此等之力量極大，不可忽視。如監牢中之囚犯，出獄後，不思改過，還是要作惡，無法自拔，這就是業力招感性之證明。業稱為力，即是一種能量，當它向外發射時，有一定的頻率。我們從電磁學中知道，頻率相同的會產生建設性的波，而頻率不同的則會產生干涉破壞性的波，因此善業招感善因結善果，惡業招感惡因結惡果。這也可以了解何以會物以類聚了。

愛因斯坦最大的發明，是他的相對論。他所列出能量與質量的關係式$E=mc^2$，不啻是《心經》以及其他佛典對於「色」與「空」的最佳詮釋：「般若波羅蜜多心經」有下面幾句：「色不異空、空不異色，色即是空，空即是色。」這幾句文字，以現代白話來解釋：「色」就是物質，而「空」就是能量。這種空不是真空，還是可以變化出物質來的呢。質量與能量可以互換，是不一不異的。這一事實，佛眼在兩千五百多年前已經發現。當時還沒有同步加速器，又有誰可以實驗證明呢？

如果我們分析一下原子的構造，若以波爾模型來解釋，其組成主要是原子核以及圍繞著運轉的電子。電子在不同能量的軌道上，繞著原子核轉動，乍看之下，彷彿群星圍繞著太陽運轉相似。

再看看原子核的內部，除了中子與質子以外，還有粒子(leptons)、末子(mesons)和卑子(baryons)，而粒子又分為光子(photons)、微中子(neutrinos)等。末子與卑子因彼此吸引而成為合子(hadrons)。這些粒子以及其荷電性相反的粒子的種類很多。

若依粒子的質量增加而排列。例如光子與微中子是沒質量的，電子的質量最輕，而介子比電子重數百倍，而其他如質子、中子又比電子重數千倍。

這些基本粒子在加速器中，互相碰擊，會產生許多種轉變，它們不單是互變，而且會產生能量，甚至於在碰擊中消失或產生。例如正電子和電子在碰擊時，會發生高能量的γ射線，而消失得無影無蹤。這是由物質轉變為能量的證明。又如沒有質量，不帶電荷的微中子，它是以「空」為體。在極高的速度中，發生重力的來源。所以由高能物理學可以證明「色即是空，空即是色。」的道理，對於「當體即空」就有了進一步的理解了。

再談到今天物理學家們有興趣的夸克(Quark)，是德裔科學家喬曼所發現，夸克是更細微，完全空虛無有形體的最基本的粒子。我這裡不打算詳細的來介紹，只願與大家分享一個事實，那就是世界上一切有形有相的物質，包括生命與非生命，其最終的構造，就是那些基本粒子，在一定的條件下合成（因緣生法）。而這些粒子，是物質，也是能量；是有，也是空。這是證明我們偉大的佛陀，「是真語者，實語者，如語者，不誑語者，不異語者。」

另外從原子物理的實驗及發現，我們也更能了解到《金剛經》所說：「佛說微塵眾，即非微塵眾，是名微塵眾。」「佛說世界，即非世界，是名世界。」以至「佛說一合相，即非一合相，是名一合相。」的至理名言了。

還給「正信宗教」一個清新的面目

近來社會上有所謂的「宗教亂象」，探究其原由，就遠因而言，是國人向來缺乏宗教常識，無法分辨正信宗教、民間信仰、或是異端邪說。同時學界也不曾作任何系統化的研究與區別。就近因而言，兩岸政治關係不明朗，人心苦悶。社會失序、黑道橫行、固有傳統中國文化價值的失落，加上西方文化過度強調個人主義，造成年輕一代浮華不實、自我膨脹；甚至狂妄自大、目中無人。另一方面，人類的生命和感情都是十分脆弱的，需要被認同、被肯定、被愛、被關懷。當人際關係淡薄、親情骨肉疏離時，人心難免會彷徨空虛、焦慮不安，而紛紛找尋心靈及情感上的慰藉，正如在茫茫大海中浮沉，盼望著一葉扁舟、一根浮木以作依附。正因如此，臺灣宗教，不論佛教道教、或是民間信仰，近年都有迅速而蓬勃的發展。中臺禪寺的百人集體出家，未嘗不也呈現出對社會現況不滿，而尋求心靈寄託的具體表現。

積極參與公益　社會之福

難得一見的是，佛教界積極參與社會公益事業，也是前所未有的熱衷，如慈濟功德會、佛教人士興辦大學，都足以證明佛教界的確有資源能力為社會謀福利。可惜的是有一些不肖之徒，利用一般人對於宗教缺乏正見，而做出歛財歛色的勾當。加上新聞局大幅度放寬媒體尺度，最近一年來的綜藝節目，無不以靈異節目、鬼話連篇、怪力亂神為主要的題材，難怪會造成這許多光怪離奇的社會現象。最近隨著宋七力、妙天、清海等事件的發生，正好暴露出我們的社會問題，對正信的宗教已造成傷害，同時的確也有人因此對正信宗教都卻步不前。

這些眾多的紛紜邪說，並沒有自己的神祇與學理根據，甚至神壇上也供奉有佛菩薩，還談禪說悟，因此有些民眾誤以為這些信仰與佛教有關，無形中對佛教界造成了一些負面的影響。因此我認為「去蕪存菁、正本清源」，還給宗教一個清新的本來面目，此正其時也！

宗教必有「教理」和「教義」

所謂「宗教」，顧名思義，必依其一定的「宗旨」，以「教化」於民，如基督教講信望愛，佛教講慈悲與智慧，淨化人心。況且，真正的宗教，必然可以安定人心、導正人心、勸人為善，而且是經得起時間和歷史的考驗。我們不妨分析一下，何謂正信的宗教：

一、正信的宗教，必有一位創教的「教主」，如佛教的釋迦牟尼佛，基督教的耶穌基督。他們必然是抱持犧牲奉獻的精神，捨棄榮華富貴，拯救人類疾苦，而決非為自己謀利。如釋迦牟尼佛放棄王位、雪山苦行，耶穌基督釘死十字架，為眾生贖罪。

二、正信的宗教，有一個中心思想，也就是「教義」：如佛教的信仰是建立在「人人有覺，個個有佛性」，只因妄想執著不能證得。若能消除無明煩惱，每個人都可以修成正覺。而基督教則是以「信仰上帝得永生」。

三、正信的宗教，都有其豐富的經典論著，也就是「教理」：如佛教有三藏十二部，為度化眾生的指南。而基督教則以《聖經》為修學的基礎。

四、正信的宗教，必然有一個「教團」，為傳教士和僧侶們共同修習的團體，他們生活在一起，要遵循嚴謹簡樸克己的生活模式，與奉行一定的戒律。

宗教不是街頭自動販賣機

就佛教而言，佛、法、僧三寶是佛教的三大要素，所謂「三寶具，佛法興；三寶不具，佛法不成。」佛教最重要的就是要修行，在家居士，要修五戒十善。而出家眾更有嚴格的毗尼戒律，必須遵守。所以佛教講戒、定、慧三無漏學，是非常重要的學佛基礎。不守清規、不守戒律的，絕非佛門弟子。通靈問卜、神通算命，甚至風水地理，都為佛教團體所禁止。

目前所謂的「宗教亂象」，實則應稱作為「社會亂象」。竟然有些學界人士稱之為「新興宗教」，我們認為這是極之不妥的。因為它們既不符合「宗教」的定義，亦完全不具備「宗教」的特質。

其實怪力亂神者，古今中外，都是存在的，如明末的白蓮教、日本的真理教、美國人民廟堂等，都曾鬧過不小的風波。這些邪門外道的共同特色，就是缺少本身的學術基礎，而不得不偷取其他宗教信仰的神祇和教義。在西方自然是採取基督教，而在中國則多是採取佛教、道教。為什麼會有民眾寧願捨正信的宗教，而相信這些異端邪說呢？歸根究底，與目前社會形態的速食文化有密切的關係。所謂本尊能夠承諾即時開悟、即時致富、不勞而獲，當然特別受歡迎了。這些邪說的教主都是現代人，沒有可憑藉之經籍教理，假藉修禪的幌子，憑著他個人的魅力，妖言惑眾，大搞個人崇拜。又聲稱能神通法術，可以符咒治病、或者令人開悟及賜與人永生不死種種。

其實只要稍具宗教常識的人，就不難識破他葫蘆裡賣的是什麼藥。宗教並非一具自動販賣機，投下一個錢，就能滾出一件貨品。人與神之間，更非買賣交易。三世因果，有作必有受，善惡福禍，端視個人平時的修為。至於一位真正的修行者，必然有師承、有法脈和其本修法門，亦即此人修道入道的方法和過程。記得早年，印度的瑪哈羅什(Maharaj)在歐美造成一陣旋風，我曾寫信請示恩師上樂下果老和尚，師父的回覆是：「為來函所云，悉知悉見。若說時至末法，修道者如牛毛，證道者如牛角。唯真正佛法，年遠湮沒，好似太陽光被雲霧遮障起來，令世上好多善男信女，不識東西南北，故不得正受也。」

神通是修行的副產品

佛教並不否定神通法術，如天眼通、他心通，可以說是修行的副產品。但佛陀卻不允許弟子輕易顯露神通，除非是為了救人。因為神通既不能了生脫死、也非究竟之道。真正的得道高僧，或許都有些神通，但卻決不會在一大群世俗人面前顯露出來。那些自稱禪師、上師，製造分身、放光等，都是些掩耳盜鈴之術，欺騙民眾。其實所謂禪師當然是指修禪定的出家人，那會穿著西裝留著頭髮呢？今日雖然有部分觸犯法律而被檢舉，然而這只是冰山一角。假宗教之名而蠱惑群眾者、欺詐歛財者還有不少。政府應該設法加以防範，以免日後會有更多的民眾受到傷害。當然設立宗教法應該是為了保護宗教，而非用來約束宗教，今天為什麼有些宗教人士反對設立宗教法，其原因是值得政府三思的。

今天臺灣的宗教界能夠蓬勃的發展，其實是一件好事。而對岸的中國大陸，至今還沒有充分的宗教自由。學者們大都承認「宗教就是教育」，嚴靈峰先生說：「宗教是美化人生，充實人類感情，調和精神世界與物理世界的矛盾，促進人生世界進入真、善、美的必要精神糧食。」國父孫中山先生亦曾說過：「人類對於一件事，研究當中的道理，最先發生思想，思想貫通以後，便起信仰；有了信仰，就生出力量。」「宗教信仰」常給人帶來神奇而不可思議的「力量」，可以突破困難、危險和難關。有了信仰的力量，宗教家才更能以大無畏的精神，宏法利生，造福人群。所以政府應當更積極的鼓勵及協助正信的宗教，在其所從事的大眾公益事業上，如辦學、蓋醫院、建造老人院、育幼院等，更有效成功的推廣展開，如此可使我們的族群更祥和、人心更安定、社會更進步。

「覺之教育」理念與實踐

前言

一所高等學府的成立，必然有其最基本的辦學理念。根據西方的大學理念，以研究、教學與服務為目的。對於中國的傳統教育而言，儒家以傳道、授業，佛教則以解惑、開慧為其中心思想。歐洲早期的英國大學脫胎於寺院。十四世紀初的英國大學，僅以教學為目的。十九世紀末，德國大學才把研究也歸列入大學的理念，如 Helmholz 所言：「在知識的廟堂加上一塊磚石。」今天臺灣的大學沿襲美國體制，在教學、研究以外，加上服務，將大學的功能延伸至校園門牆之外。

縱觀今天臺灣的大學有公立、私立兩種，早期的私立大學，部分是基督教（東吳、東海、中原)與天主教(輔仁、靜宜)所創辦,其中如東吳、輔仁是在中華民國政府遷臺後的復校。民國七十八年政府再度開放私人辦學。繼元智工學院以後,七十九年陸續有幾所大學院校成立。其中華梵更是有史以來,第一所由佛教人士在中國土地上所設立的大學。今年佛光山南華管理學院核准招生,明年玄奘人文社會學院亦將成立。籌備中的還有慈濟人文社會學院以及法鼓山人文社會學院,佛教人士所創辦之大學將愈來愈多。除了一般大學的理念以外,佛教辦學是否也應該秉持佛教精神,而在人文素養方面有所提昇呢?

作為中國土地上的佛教大學,基於深厚的中國文化傳統與感情,在理念上除了教學、研究與服務外,我認為更需加上一項「明德」,把品德的培養也列為大學教育理念的一環。並以「覺之教育」作為大學教育之最高目標。「覺之教育」是人文素養之提昇,最高人格的完成,也是人生終極的目標。太虛大師曾說過:「人成即佛成」,所以「覺之教育」就其廣義而言,也就是「成佛之道」。

覺與覺之教育

前約翰霍浦金斯的校長曾經說過:「如今大學的教育,只是在訓練擁有高等技術的野蠻人。」從這句話中，可以看出這位教育家對於大學教育如何痛心失望。今天我們的社會生病了，如何導正目前這體質羸弱的病態社會風氣，也唯有教育一途而已。教育是千秋大業，在樣樣講求速度與效率的今天，教育的確無法收立竿見影之效。然而，教育家必須具備宗教家的情操：開闊的胸襟、容忍的雅量、非凡的氣度和睿智的遠見，誠懇踏實、穩扎穩打，方能對百年樹人的教育事業有所貢獻。

佛教辦學，更應該將佛教的人生哲學，靈活的運用在教育上。佛陀不但是一位覺者，更是一位偉大的教育家。身為佛弟子，自應荷擔如來家業，將佛陀的教化發揚光大以利天下蒼生。

首先解釋「覺」之一字，古文「覺」通「學」，覺更含有覺醒、覺察、覺了、覺知、覺悟等多重意思。依照佛法中的「覺」，主要是「覺察」煩惱無明；「覺悟」無常苦空無我、涅槃寂靜。梵文中「佛」字，漢譯為「覺」，故「佛」即是「覺」，而「覺」即是「佛」。佛能自覺、覺他、而覺性圓滿。《金剛經》勸人：「發阿耨多羅三藐三菩提心」❶，就是啟發人性之本覺。

人生有許多的痛苦，也有許多的無奈。憂悲苦惱，誰能幸免？所謂「無業不生娑婆」。人

---

❶阿耨多羅三藐三菩提：漢譯為「無上正等正覺」。

生在不知不覺中匆匆劃過，到頭來，只落得「堂前明鏡悲白髮」。數十年後，誰又免得了「一抔黃土埋白骨」？佛眼看眾生，焉能不「終宵有淚」❷。覺悟之人，諦省諸行無常，諸法無我，自性本來清淨，則能化小我為大我，化痛苦為力量，而普度眾生，脫離苦海。

《法華經・藥草喻品》所云：「佛平等說，如一味雨，隨眾生性，所受不同，如彼草木，所稟各異。」人之根性不同，各各有別。有人先知先覺，有人後知後覺，而大部分人則是不知不覺，混混沌沌的過了一輩子。更有甚者，是為非作歹而一錯再錯、終至鋃鐺入獄、抱憾終生。

至於後知後覺者，或能見賢思齊，及時悔悟，浪子回頭金不換，放下屠刀立地成佛。或則滾滾紅塵數十年，突然省悟人生真諦，為一大事因緣離俗出家，而修成正果。近代高僧弘一大師即是最好的例子。雖然他前半生在富貴名色中度過，然而披剃後的弘一大師，嚴守淨戒，發度眾生之宏願，同時也超越了自己、成就了自己。

先知先覺者並不多，如六祖惠能大師聽得一句「應無所住，而生其心」，即時大徹大悟。近代高僧八指頭陀敬安禪師則是因吞進狗食，脫口說出「不垢不淨」，當下豁然開朗。種種根器，只在於一個覺與不覺，悟或不悟，而有不同。

---

❷ 曉雲法師有畫，題為「我佛終宵有淚痕」。

華梵的創辦人曉雲法師提倡「覺之教育」，事實上，覺之教育並非法師所首創，釋迦佛早在兩千多年，說法四十九年，五時八教❸，示現「般若將入畢竟空，絕諸戲論；方便將出畢竟空，熟土嚴生。」無一不是「覺之教育」。佛法是心法，因此佛教的教育是「教心」。若單從教育制度或是由考試的方式來「改革教育」，可能對專業知識的傳授尚有些助益，但對於移風易俗，則完全派不上用場。啟迪智慧，淨化人心，則必須重視心性的教育。

「覺之教育」的特質

談到「覺之教育」，具備有下列的六種特質：

1.心靈的教育，2.自發的教育，3.智慧的教育，4.人本的教育，5.全面的教育，6.終身的教育。

---

❸五時八教：天台宗將佛陀一代聖教分為五時八教。五時為華嚴時、阿含時、方等時、般若時、及法華涅槃時。八教又分為化儀四教及化法四教，化儀四教為頓、漸、祕密、不定。化法四教為藏、通、別、圓。

1.心靈的教育

人類的社會活動，是由心來掌握。心是機器的樞紐。人的心非常複雜，起心動念，皆由煩惱無明業力牽引，表現出善惡是非。佛法是心法，所謂：「萬法唯心」。佛教的修行，最重要的就是修心，也就是「調心」，《四十二章經》有「調心如調絃」的譬喻，絃過鬆則不成曲調，絃過急則將斷矣！由心靈的調伏淨化，來達到轉識成智，三業清淨的目的。

「時時勤拂拭，莫使惹塵埃。」神秀大師的偈語雖未臻徹底的大覺大悟，然而卻是修行人必經之路。如懺悔、行善、念佛、禪坐皆是淨心的功夫。五祖雖指其尚未開悟。但我等凡夫，切不可輕視此一漸修心性、自我反照的功夫。有幾人真如惠能大師的智慧，能悟得「般若性空」，省知「明鏡非臺」？《壇經》曰：「本來無一物，何處惹塵埃」，近代天台宗東北三老卻指出：「本來無一物，唯有四悉檀。」四悉檀是包羅宇宙大千世界的，事情可就多了。但也正闡明了大乘佛教度眾生的悲心。

2.自發的教育

覺是自覺，是積極而主動，發自內心深處的行為。修行要靠自己。單講理論，而無實踐，正如畫餅不能充饑。必須親身去體驗。我佛靈山修行，就是示現眾生，如何自我教育，如何「全性起修，全修在性。」

「人之本性，如樹木之根生，故云：『根性』。根，要培養，吸收自然之養素，然後根深蒂固，枝葉繁茂，華果開敷。」❹

人從何處起修？從六根起修。六根者，所謂眼、耳、鼻、舌、身、意。《涅槃經》有「如龜之藏六」，如大勢至菩薩都攝六根，勿令放逸也。至於觀世音菩薩，則是一門深入，自耳根起修：「初於聞中，入流亡所，所入既寂，動靜之相，了然不生，如是漸增，聞所聞盡，盡聞不住，覺所覺空，空覺極圓，空所空滅，生滅既滅，寂滅現前，忽然超越世出世間，十方圓明，獲二殊勝。」❺示現菩薩一門深入之次第。

3. 智慧的教育

佛所說的智慧，有別於一般的智慧，梵語「般若」(Prajna)，漢譯作「妙智慧」。般若無知無不知。「般若是無為法，但卻無所不為，它能行方便、度眾生。」（樂果上人語）。根據

❹《覺之教育・佛陀之自然教育論》，頁八二，曉雲法師著。

❺《大佛頂首楞嚴經》卷六。

藕益大師的註解，般若有三：即文字般若、觀照般若和實相般若。

語言文字是具體的，喻般若之「相」光明。例如：書報、電話、電腦、電視皆是資訊的來源，《大未來》的作者托佛勒(Toffler)說過：「資訊即是力量。」(Information is power.)無論用眼看，或用耳所聽的見聞，都是一種知識的累積。若能善用耳目，獲得佛法之正知正見，那就是文字般若。

觀照般若是自我「返照」的教育，能破煩惱無明，故觀照為般若之「用」。向內觀照有如一盞明燈，進入暗室，大放光明、遍照無礙。又如太陽出來，烏雲消散，陽光普照，「觀照」是內省的功夫，如觀世音菩薩，「照見五蘊皆空，度一切苦厄。」❻就是因為他行深般若，功夫純熟故。

至於實相般若，是般若之「體」。實相無相，因般若性空。大覺妙慧，妙用無窮。故曰「真空妙有」。這是由於觀照純熟所證得的。

4. 人本的教育

佛陀在雪山修行，菩提樹下，覺悟到「一切眾生，皆有如來智慧德相。」所以「一切眾

❻《般若波羅蜜多心經》。

生，皆能成佛。」又說：「佛與眾生，等無差別。」在佛陀那個時代，婆羅門在印度四姓中，是至尊至貴的，其次是剎帝利、吠舍，而最低賤的則是首陀羅。佛陀首先打破了不平等的種族階級觀念，把佛教建立在「人本精神」出發的「平等觀」上。是有史以來唯一以柔和方式闡揚人權平等的社會改革家。

「佛法不離世間法」。《壇經》亦有：「佛法在世間，不離世間覺，離世覓菩提，恍如求兔角。」佛教是為人所說的，是度眾生的宗教信仰。除了智慧，還有慈悲，菩薩度生，當發「大悲心」。若僅有「智慧」而缺少「慈悲」，佛陀斥之為「焦芽敗種」。

5.全面的教育

佛陀說法四十九年，其教化普及的層面極廣。遍及天文地理、心性唯識學、社會教育學等。佛法尤其重視人際關係，及倫理道德。如四攝法之布施、愛語、利行、同事。天台宗之四悉檀，更把世界悉檀列為第一。《華嚴經》云：「菩薩入世，當向五明處求。」所謂五明即內明、聲明、因明、醫方明和工巧明。菩薩為了度眾生，要研究世間各種學問，包括宗教哲學、語言文字學、邏輯學、醫藥學及科學技能等，可說是全面的，以因應社會發展，造福人類，所以佛法是不離世間法的。

6. 終身的教育

三藏典籍、浩瀚如江海，而學無止境，修心學佛，不單一世，是生生世世，累生累劫，行菩薩行，利益眾生，不到成佛之日，此一「自覺的教育」，必然持續至永遠。

「覺之教育」是通向「成佛之道」的教育，對人生的影響當然密切。學佛之人，心中有信仰，能懺悔業障，修心養性，念佛修禪，澄懷靜慮。而智慧滋長，煩惱不能侵擾，必能事事安樂吉祥。

覺之教育的實踐

要實踐覺之教育，所需具備的條件就是時、地、人，亦即天時、地利、人和。

所謂「時」，就是教育必須把握適當的時機。機會稍縱即逝，機會需要掌握。故天台宗把佛陀說法分類為「五時八教」，即是契合眾生之機。又如佛陀講經說法，必須具有六種成就：即信、聞、時、主、地、眾。而置之於一切經首，以昭信於天下。其中之「時」，即是指「說聽究竟之時」。

其次是「地」，人是感情動物，鮮有不受環境之影響。就大學而言，即校園的環境，金耀基先生說：「在校園裡，一草一木精妙的安排，和四周景物的變化，若非麻木的人是不會不產生感應的。這種物的環境，能令人的氣質在不知不覺間受到薰陶。」❼「佛陀誕生於藍毗尼園無憂樹下，修行於伽耶山中，行化於竹林下、孤獨園、庵摩園等，終於雙林示寂。」❽曉雲法師規劃華梵校園，先覓地於環境清幽、景色如畫五百五十公尺高的大崙山，不設校園門牆，而自然形成天然屏障與外界相隔。朝雲暮日，鳥語花香；四時風景，各有千秋，是人傑地靈之地，此之謂「景教」。校園內所規劃的景點，各含深意：如大學之道、菩提大道、飲水思源、三友路、法雨潤人華、阿育王柱、百丈寮、精進軒、讀書亭、自然教室、心鏡湖、文物館、院覺室等，皆是以啟發青年人對於自然的認同及嚮往，此之謂「境教」。

當然最重要的因素，還是在於「人」。教育必須仰仗教育工作者，也就是教師本身。儒家提出言教與身教、而佛家尚有默教。教育者本身的品德、動默舉止，均對學生產生一種直接的影響，此之謂潛移默化。所以一位好的教師，不但是一位「經師」、同時還是一位「人師」。釋迦牟尼佛具足三千威儀、八萬細行，故能攝化眾生。《法華經》有：「以慈修身，善

❼《大學的理念・環境與學風》，頁九六，金耀基著

❽《覺之教育・般若空慧之妙智教育論》，頁一八五，曉雲法師著。

入佛慧」，應為教育者的座右銘。

「覺之教育」是一種崇高的信仰和理念。必須在生活之中落實，才會有價值和意義，對人生也才會有貢獻。在華梵，覺之教育是根據儒佛思想相輔相成而落實的一種方式。儒家講的是五倫八德：而五倫就是：君臣、父子、夫妻、兄弟和朋友，而八德即是「孝弟忠信禮義廉恥」。至於佛家所重的是慈悲與智慧。教育是一種藝術工作，佛經裡有「四攝法」：布施（滿足其對於知識的需求）、愛語（連眼神表情都要注意親切和藹）、利行（善用方便）、同事（凡事站在對方的立場想想）。

太虛大師云：「仰止唯佛陀、完成在人格」，所以本人認為今天的大學在理念上，除了教學、研究、服務外，還要加上「明德」。「覺之教育」旨在達到最高的人格。儒家謂「止於至善」，佛家謂「成等正覺」。儒佛相輔相成，融合匯通，是人文教育的最高發揚，是中華文化的瑰寶，放之四海而為準，故期有心於教育之同仁，共舉「覺」旗，朝人生至高真善美的道路上，攜手邁進！

富而好禮以導正社會亂象

今天本人很榮幸承蒙教育部的邀請，有這個機會來做這一場演講。這一講次，是延續一系列「心靈改革」的專題演講。近年來，政府提倡許許多多的改革：如政治改革、經濟改革、教育改革，其中尤以李遠哲先生所領導的教育改革最重要，因為教育才是國家發展的根本，無教育一切的改革都是枉然，因此一切的改革都應該配合教育改革，才不失其整體性。教改工作已經進行兩年多了，教育部長吳京先生也有方案，計劃要一步步的將它落實。自從今年春天以來，李總統又提出了「心靈改革」的口號，行政院各部會也以一系列的講座及活動作為回應。其實我認為「心靈」的工作還是要從教育開始，從教育才有一個「下手處」，所以必須以教育作為依歸。但是教育是百年大計，不可能立竿見影，所以需要有心人士，依循目標、按照計劃、有恆心、有毅力的一步一步推動實施。

我今天的題目是「富而有禮以導正社會亂象」，看看我們今天的臺灣，在經濟上已經有相當不錯的成就，政治亦已邁入民主時代，然而兩岸對峙、社會動亂、人心不安。一切的禍源，都是來自人內心的問題。所以我想還是先由「心靈改革」談起。

談到「心靈改革」一詞，我還是要表達一下我們的看法，「心靈」一義，西方宗教指的是「靈魂」(spirit)，用佛教的解釋應該是指「佛性」，或稱「自性」，(也可以叫作「真如」、「妙覺」。)《六祖壇經》中有云：「何其自性，本來清淨。」這一個自性，在佛法中，是不生、不滅、不垢、不淨、不增、不減的，所以無從改革，也不必改革。倒是人的心理，錯綜複雜，變化萬千，時善時惡，時是時非。念生念滅，此起彼落，是極需要注意和改革的，各宗教都重視懺悔，洗濯內心污垢，連儒家亦重視自我反省。譬如磨鏡，垢去明存，如此推廣社會，進而可以移風易俗。所以曉雲導師說得好：「心理需要改革，心靈需要開拓。」

我是一個佛教徒，佛教十分重視「心法」，所謂「心」有多層解釋。第一種心，是我們人體內的心臟，是一種器官，由動靜脈的血液輸送氧氣，並無思想之能力，佛教稱作「肉團心」。第二種心，是懂得意識思想造作的，能對眼、耳、鼻、舌、身、意六根所緣之境，產生喜惡分別，故亦稱作為「緣慮心」。第三種心，即是清淨無染的「真如心」。心是主宰一切的，所以說：「萬法唯心造」，又稱為「心王令」，「心」好比發號司令的千軍統帥，而眼、耳、鼻、舌、身、意，就如同士卒。梁啟超把佛教稱作為「治心之學」。《維摩詰經》第一品

〈佛國品〉即有談到「心淨則國土淨」，起心動念，即有作為，如果人人心向善，人間便是佛國，若個個作惡，此處即是地獄，這是佛經中所謂的「唯心淨土」。《觀普賢行願經》中，比喻人「心」好像一個機關的樞紐，一啟動整個人就會動起來。

臺灣現在國民年收入已超過美金一萬元，民間相當的富有。故有：「臺灣錢淹腳目」之說，現在甚至連鄰近的國家，如菲律賓、泰國人都要來臺灣打工賺錢。本來「富有」應該是一件好事。可是《佛說四十二章經》中有：「貧窮佈施難，豪貴學道難」，而儒家也有：「飽暖思淫慾」，《聖經》則有：「富人進天國，比駱駝穿針孔還要難。」這又是什麼道理呢？為什麼富有之人不容易修行學道、植福升天國呢？因為富有之人容易耽於物欲的享受，缺乏心靈上的培養，不易生善念，不去了解窮人的疾苦。例如白曉燕綁票案中的三個歹徒，那一家何曾缺糧缺米。他們甚至住別墅、開賓士轎車，為什麼會做出如此傷天害理、人神共憤的勾當來，真可說是利慾薰心，喪心病狂，無可救藥了。所以當子貢問道：「貧而無諂，富而無驕，何如？」時，孔子回答曰：「可也，未如貧而樂，富而好禮者也。」

如此說來，什麼是禮。「禮」之一字，是對國家社會家庭以及個人思想言行的一種規範。它不同於「法」的嚴苛、冷峻、無情，「禮」是不但兼顧了道義和人情，而且是自律的。在五四運動時代，青年學子提倡全盤西化，引進「賽先生」(Science)和「德先生」

(Democracy)，當時的知識分子，對於傳統的道德倫理，頗有嗤之以鼻，還提出「打倒孔家店」的口號，又有「禮教吃人」種種。民初以前，的確有一些不合理的封建思想。但是我覺得不應該一筆抹殺儒家文化的價值。自從中國共產黨入主中國大陸，早期有三反五反，階級鬥爭。父鬥子、妻鬥夫的情形也是累見不鮮，人倫與親情蕩然無存。六十年代發生了一場史無前例的文革，不單造成許多冤獄、簡直就是中國人的大浩劫、民族的大災難。荒誕的如「爹親，娘親不如毛主席親」，把中華文化的基礎毫不保留的從根拔起。造成的破壞不止是歷史文物的毀損，更可怕的對人性的荼毒，人性的泯滅。

記得七十年代第一批中國大陸學者出國，他們傷痕累累，心有餘悸，對自己國家的前途深感失望，但是當中國科學院的老院長為他們送行時，老淚縱橫的對他們說：「你們沒有失望的權利。」這一場浩劫，使中國文化及建設停滯何止十年。民國八十四年我與幾位朋友赴安徽開「亞洲文明會議」，大陸的學者們所發表的論文，幾乎清一色都是繞著青銅器及甲骨文等主題打轉，對於重要的儒、釋、道三種「精神文明」，卻隻字不提。只有我們來自臺灣的六位學人，針對前述三種文化各提出了兩篇論文。前年陳慧劍先生在「國軍英雄館」主辦了一場海峽兩岸「弘一大師德學研討會」，大陸學者們所探討的，全是有關弘一大師的音樂及藝術方面的成就，無一人以其生命道德的精神和對戒律學的貢獻，作為研究的重點，頗令人感到訝異。

大陸的「文化革命」所受的傷害恐怕不是短時期所能治癒的，我們不得不把「文化復興」的希望寄放在臺灣的教育工作上，然而，我們不禁要問：「臺灣有能力承擔此一重責大任嗎？」

世界上許多國家的人，都似乎忘記了祖宗所遺留下來的文化及禮制。只有一個民族，時刻都記得保持自己的固有傳統文化，無論生活在世界那一個角落，都不敢苟忘，那就是猶太人。這一點是非常值得人們敬重的。那是因為猶太民族所經過的苦難，使他們產生憂患意識，所以他們不敢忘記自己的血緣，和歷史的使命，不敢忘記古希伯來文、他們的生活方式、禮制及文化傳統，這是值得我們欽佩和學習的。因為有歷史，所以才有文化。歷史悠久的民族，實在應該珍惜其祖先之文化遺產的。

中國原是禮義之邦，可惜近年來，人們愈來愈不重視了。儒家十分重視禮儀，所謂「禮義廉恥，國之四維，四維不張，國乃滅亡。」禮，就是凡事如儀，有節有度。一般而言，禮貌是指外在的生活方式。例如，嘴邊常掛著：「請！」「謝謝！」「對不起！」以至鞠躬、握手、點頭、致敬，都是禮，婚喪喜慶也是禮，慎終追遠亦是禮，成人有成人禮，畢業有畢業禮。而禮必須發自內心，若是心不甘，情不願，不能表示誠意。唯有一個「誠懇」，所謂「誠於中，形於外」，長幼有序，尊重別人，就是守禮。有子曰：「禮之用，和為貴」，有禮的國家、人與人之間的關係，才會和諧。所以孔子提倡「富而好禮」。

「克己復禮為仁」，克己是從自己生活言行做起。重視「禮」，所表現出來的舉止，就合乎「仁」。我們可以從衣、食、住、行，表現出內在的修為。

有禮的人，必然是從日常生活開始，處處重視生活中的細節。首先我們來談談「衣著」，我覺得服裝不一定要時髦闊綽，但是一定要整齊清潔。一件縫滿補丁的衣裳，只要洗得乾乾淨淨，一樣有氣質、有精神。反之，蓬頭垢面、衣冠不整，拖著拖鞋，不但沒有禮貌、也沒有精神。例如參加喜宴，需穿著亮麗一點；若是參加喪禮，則需要穿著深沈一點；休閒時需穿著輕便一點，而隆重的晚宴上，則必須穿著得正式一點；女士們可以化化妝、穿著晚禮服似乎也比較合乎禮節，所以說衣服不是可以隨便穿著的，我們的大學生，通常有拖著拖鞋，穿著短褲上課的習慣，雖說比較方便省事，嚴格說來，對師長就是不太尊敬，不太禮貌。以前我看過一則電視廣告：「化妝是一種禮貌」，我很不以為然。因為有許多偉大的女性，為了利益人類的事業，十分忙碌，雖然不化妝，但她們飽經風霜的身影，看來高貴美麗。這就是《法華經》裡所說的：「以德嚴身」，所以廣告只是為了促銷化妝品，不可盡信，被它誤導。

再談到「食」，每一種文化都有不同的進餐禮節，例如吃西餐時，餐具是用刀叉盤碟，餐巾要繫好，左手持叉、右手用刀、一道食換一套餐具，順序由外向內取用，主食用的、沙拉用的、乃至甜點用的餐具都有一定，用餐時不可以發出聲音，否則就失禮了。如果遇著教徒們還須禱告，感謝天主賜與溫飽。德國人進食前，會彼此說一句：“Guten Apetit!”（祝您好胃口），或者是“Lassen Sie gut schmecken!”（請您好好品嚐）。我們中餐雖說規矩沒有那麼多，但是用食時，須注意不急不緩，不挑食，不飛象過河。中國人還習慣替別人挾菜，但必須使用公筷母匙，否則就不衛生了。老祖宗雖然曾提出：「寢不言，食不語」的明訓，但是現代人生活緊張繁忙，相聚少、別離多，要把握人際關係的溝通，利用吃飯時，連絡連絡感情，也是值得稱許的。但是千萬不要嘰嘰喳喳，各人講各人的，誰也聽不清楚誰在說什麼。廣東人吃飯前，則會把全桌子的人都喊一遍：「婆婆食飯，阿爸食飯，阿媽食飯。」至今香港人還保存了這個習慣，只是他們喜歡稱呼爸媽為Daddy，Mammy。佛教徒一樣有飯前飯後祈禱的禮節，在家居士用餐時，只需簡單的一句：「供養佛，供養法，供養僧，供養一切眾生」即可，飯後則有「飯食已畢，當願眾生，諸事皆辦，具諸佛法。」

「住」，當然也有住的禮儀，明窗淨戶是基本的生活條件，例如比較明顯的，如單身男女獨居一室，瓜田李下要避免嫌疑，這是謹慎小心之道，可以杜漸防微。此外，進入別人的房間要敲門。如果在一個社區居住，平日家居生活，應該注意不要吵到鄰居的安靜。所以住宅大樓裡就不適宜飼養小寵物，以免製造噪音及排泄物影響周圍的環境，敦親睦鄰當然是很重要的禮貌。現在地狹人稠，人與人之間應特別重視相處之道。雖然說，我們未必做得到基督教所提倡的：「愛你的鄰人」，但至少也要認識到：「遠親不如近鄰」，這是我們都市人所常忽略的，同一層樓出出入入卻老死不相往來，想來真是不可思議。

談到「行」，我的感觸頗深，在公共場所不可以吵鬧喧嘩；上下公車不應該爭先恐後，隨時隨地注意禮讓老弱婦孺，以及開車時行人優先，這些都是基本的禮貌。我們臺灣人在國外，用錢十分闊綽。住在五星酒店大聲喧嘩、旁若無人；在瑞士買起勞力士錶，一擲數十萬而面不改色；乾起 XO 白蘭地酒，法國人都不禁要搖頭嘆息。歐洲人講究的是飲酒的文化，烈酒、葡萄酒還有啤酒，各種酒都有不同的喝法，不要認為我有錢，有能力消費，與別人何干！事實上，在別人眼中，充其量這種行為只是暴發戶而已。有錢買不到尊重，實在是一件可悲的事情。

我們這個社會，缺乏禮教，追究其原因，是因為自我意識膨脹、缺乏容忍與反省、造成人與人之間的疏離、利己主義的囂張、利他精神的不足、人際關係不調和、不能尊重別人、關懷別人，這才是造成社會亂象的主要元兇。

一連串的社會亂象，接二連三的兇殺案，大家都在問：「我們的社會怎麼啦？」「冰凍三尺、非一日之寒。」如何才能恢復我們的社會次序、和老百姓安和樂利、清淡樂無憂的生活呢，我認為全國上下都需要重視精神生活，親情倫理，所以要提倡「禮儀」，這禮儀是包括人與人之間的進對應退。儒家有：「親親仁民、仁民愛物」，其下手處應是從「孝」開始。「孝」是中國所獨特的文化，我們若勉強把「孝」翻作英文，就是 obedience，love to your parents。但是 obedience 和 love 充其量只有順從或愛的意思而已，不如「孝」字的含意深刻。儒家重視五倫：父母、君臣、兄弟、夫妻、朋友，這就是人際關係。佛教對於人際關係更是講究，天台宗有所謂「四悉檀」，悉檀是梵文，意即「成就」，第一悉檀便是世界悉檀，也就是指「人際關係」。佛教的早晚課迴向偈「願以此功德，莊嚴佛淨土，上報四重恩，下濟三塗苦，若有見聞者，悉發菩提心，盡此一報身，同生極樂國。」其中所謂「四重恩」，是指父母恩、國土恩、眾生恩和佛恩。這裡的眾生，也就是社會上所有的人，包括親屬與非親屬在內。其包容性就更為寬廣了。

佛教有一位很重要的普賢大菩薩，他有十個大願：其中之一就是「禮敬諸佛」。所謂諸佛，是包括盡虛空、遍法界、過去、現在及未來的佛在內。依照佛經的解釋，一切眾生皆有佛性，一切眾生皆能成佛，生死凡夫也有成佛之時，所以普賢菩薩對一切眾生都是心懷禮敬的。另外《法華經》裡還有一位菩薩，名為常不輕菩薩，他對任何人都是非常恭敬的，從不輕視任何人，即使別人辱罵他、譏笑他，他仍以誠懇尊敬的心意和態度待人，試想，這是何等的情操啊。

有「禮」必有「讓」，凡事替別人想一想。儒家之仁，其具體的實踐就是禮；所以孔子曰：「出門如見大賓，使民如承大祭，己所不欲，勿施於人；在邦無怨，在家無怨。」有禮的人，文質彬彬，決不會輕易與人發生爭執、眼紅脖子粗。我還記得希拉法師曾經說過：「在人生旅途中，我們要做個好駕駛。不要發生了車禍，傷了別人、又傷了自己。」在現今功利主義的社會，人們凡事以「本身利益」作為出發點，只有利己、而沒有利他，這樣的社會，只會導致紛爭、而缺乏和諧。

前不久工管系日本籍同學前田一樹的老祖母來校拜訪創辦人。在慈蓮苑停雲軒，見到了這位已經八十八歲高齡的老太太。雖然言語不通，但她隨時感恩，一舉一動，都流露出對別人的誠與敬，令我深深感動，實在值得我們學習。記得民國六十一年我赴德國留學，曉雲導師安排德國人何吉理夫妻(Herzog)照顧我。當我抵達斯圖加特(Stuttgart)後，何吉理先生接我到他家洛廷根(Reutlingen)住了十七天，讓我熟悉德國人的生活方式。每天清晨我漫步在那一美麗的小鎮，居民們雖然都不認識我，見面卻都點頭微笑。甚至連小孩子也不例外，一樣揮手作禮。因此我對德國人的第一個印象，就是他們很有禮貌。

「聖人制禮以教人，悉本乎天理。」對於一個人整體的表現，儒家有：「足容重，手容恭，目容端，氣容肅，聲容靜。」而佛家則有：「行如風，立如松，坐如鐘，臥如弓。」對於一個家庭的整體表現，則是：「父慈、子孝、兄友、弟恭、夫義、婦順。」只有在這種情形下，才有秩序可言。如今我們的社會禮教不彰，而放縱邪淫，身為教育工作者，深感痛心。詩曰：「人而無禮，胡不遄死？」記曰：「今人而無禮，雖能言，不亦獸之心乎？」人與獸的分別，最重要的就是禮。如今若要挽回世道人心，一定要提倡禮。所以箴曰：「敘曰天敘，秩曰天秩，齊民以禮，有恥且格。雖彼童子，揖讓無失。雖彼武夫，行容威惕。天性自然，非有管攝。勉哉出入，惟禮之門。彬彬文質，師表人倫。」

禮雖然只是一種形式，而且會隨著各國之民情風俗，規範有所不同，但是人與人之間若能守禮、則能體現一個泱泱文明大國的風範，如此可以促進祥和、減少爭端，使社會和睦進步，國家才會富裕安寧。

淺談空與有

今天我們很有緣相聚在法源寺這樣莊嚴的道場，討論佛法。龍天護法必會降臨，佛光普照，本人覺得很榮幸，也很歡喜。

我們都是佛教徒，相信佛教。「信為道源功德母」，學佛的第一個步驟，就是「信」。佛教徒信什麼呢？當然是信佛所說。佛陀說法四十九年，主要傳給我們一個訊息，那就是：「一切眾生，皆有如來智慧德相」，「一切眾生，皆能成佛。」不論你我、中國人、外國人、大陸人、臺灣人，人人的心，都與佛無異，人人皆能成佛。所謂「如來智慧德相」，就是「般若妙慧」，原是「人人本俱，個個不無」的。但是凡夫心與佛心有何不同呢？佛的智慧已是朗朗乾坤、光芒萬丈，普照世間一切眾生。而凡夫呢？心中充滿貪、嗔、癡、慢、疑、煩惱、無明、雜念、妄想，就像烏雲蔽日，把心中的太陽遮住了。所以要刮大風，發大心，把烏雲吹散，徹徹底底的讓心光重露光輝。

我們佛教徒，不單要信佛所說，還要能夠發大願行佛道，普度一切眾生，也就是「行菩薩行」，引導眾生聽聞正法，聞後思，思後修，成就福德慧命，最後終能成佛。

所謂「人身難得，佛法難聞」。人的一生，從呱呱落地，分文不帶的來到世間，活到八、九十歲，一生過完了，不管張三、李四、王二麻子，也不論是富貴貧賤，也都是分文不帶的走了。一生中所打拚得來的萬貫家財，洋房汽車，嬌妻美眷卻是帶不走的。所謂「生不帶來，死不帶去」，空手來，空手去。在這生前死後兩頭的中間，豈不是如夢一場、戲一場。人生不就是一場「空」嗎？

來時空，去時空，中間這段究竟有沒有呢？生死之間如何？每個人都要經歷過多少挫折，多少磨難，多少痛苦，結果呢？水月鏡花，南柯一夢。到底人生是空，還是有？如果說是空的，我們掐它打它，此時此刻，這個肉體還是會痛的。那麼是真的嗎？又不可能把握它。過去的抓不住，未來的掌握不了，而所謂「當下」，說完已成過去。人的一生，一端是生，另一端是死。海德格說：「人的生命，是為了死亡而存在。」這話多消極，多悲哀！佛教徒是不可以這樣說的。生死之間的一段，說空也不空，說有也沒有。我們仍然要愛惜自己的生命，積極發揮生命的意義，綻放生命的光彩，盡自己的能力與智慧，多做有益人類的事情。《華嚴經》云：「般若將入畢竟空，絕諸戲論；方便將出畢竟空，嚴土熟生。」「有」是「假有」，藉假修真。不執著就好。

佛法中所謂真俗二諦，真就是真實法，就是空；俗諦是假有，藉著方便來表達的。天台宗則說空、假、中三諦，空是真諦，假是俗諦，其間還有一中道。不離假，不即假，不離空，不即空，就是行於中道，所謂三諦圓融。我們方才談到般若是梵語，prajna 是妙智慧，般若性空，沒有一個實體。般若是真實法，所以「般若將入畢竟空，絕諸戲論」，不要不懂的隨便講講。佛法真實法「性空」，言語道斷，心行處滅，即是不可說，超於語言文字之外，我覺得英文 beyond words 很傳神。言語不能形容，一開口就錯，所以叫做「絕諸戲論」。

但是為了化度眾生，利益眾生，嚴土熟生，菩薩有百萬方便法門，所以說「方便將出畢竟空」，這是大慈大悲的精神。一邊是般若智慧，一邊是方便慈悲，般若是向內潛修，所以是將「入」。度眾生時，則不出世間，不離世間，是將「出」。入是對己，出是待人；慈悲智慧，般若方便。不一不異，是佛陀的教化。

最清楚的例子，是《心經》中觀自在菩薩：「行深般若波羅蜜多時，照見五蘊皆空，度一切苦厄」。因為以般若妙智慧觀照，五蘊皆空，所謂五蘊是指色、受、想、行、識，照見五蘊皆空是智慧的體認。「度一切苦厄」，就是度脫大千世界芸芸苦難眾生。眾生有也沒有？苦難空也不空？菩薩度苦就是方便慈悲。您見過千手千眼的觀世音菩薩嗎？菩薩千眼可以看到無量無邊眾生的種種痛苦，千手則是為解救無量無邊的眾生脫離苦難。「度一切苦厄」是慈悲。因為眾生假有，因緣和合，虛妄有生。所以《金剛經》中：「度生而無生可度」，則是行於中道。

我們常念《六祖壇經》，喜歡參禪的人，六祖的偈語更是朗朗上口：「菩提本無樹，明鏡亦非臺，本來無一物，何處惹塵埃。」「本來無一物，何處惹塵埃」就是空。但是天台宗東北三老之一的定西法師，卻說「本來無一物，唯有四悉檀」。四悉檀是什麼呢？悉檀是梵語，意即成就。天台宗有四種悉檀，世界悉檀，各各為人悉檀，對治悉檀和第一義諦悉檀。擺在第一位的就是世界悉檀，也就是人際關係，要有慈悲、關懷、謙讓和愛心。還要對治自己的煩惱、貪嗔癡，事情如此之多，當然就不可能說「空」啦。「莊嚴佛土，利益眾生」，就是行菩薩道。

佛陀當年成道後，如果馬上入涅槃，今天就聽不到佛法了。但是佛陀堅決的往山下走，就是為了度眾生，不忍眾生受苦。佛陀說法四十一年，從三昧起，將說《法華經》。佛陀原是不願意講的，但是經舍利弗三請，佛陀怎能不講呢？當時就有五千比丘和比丘尼站起來走了。為什麼呢？因為他們不能承擔大乘。《法華經》是「成佛的經」，許多人卻只希望自己證入聖果就夠了，不想發大悲心救度眾生。如果沒有度生的悲願，充其量只能做個自了漢。

過去的人，生活簡單，心思單純，沒有太多的煩惱，比較容易開悟。現代的人，打開報紙、電視或是電腦網路，就可以收集到許多五花八門的資訊。心思比較雜亂，也比較容易起煩惱。這些資訊會刺激人的意識，就像是檔案存進記憶體一樣，雖然你不自覺，卻已進入八識田中。好像種了一顆種子，那時候機緣成熟，那時候就會冒出來。心思如何才能夠單純潔淨呢？過去六祖聽人念一句「應無所住，而生其心」，就有領悟。我念過《金剛經》，也不知多少回了，可是慚愧得很啊，我卻沒有開悟呢！我們應該知道，六祖的成道，其實是他歷劫修來的，也不止單是參禪而已，他一定也是發大心的菩薩。我一直覺得還是要老老實實學習神秀法師：「時時勤拂拭，莫使惹塵埃」。不要認為五祖說他不開悟，就看不起他。他可是五祖門下的教授師，不簡單的啊，後來也是「南能北秀」，他在北方也是很有成就的。

學佛的修持，要持之以恆。不論是打坐參禪或是持咒念佛，最重要的，還是要保持內心的寧靜。《佛遺教經》云：「制心一處，無事不辦」，把握住一個中心思想，就是「制心一處」，也就是「一念心」。比方說，你參「念佛是誰」，那麼，心心念念就是一句，「念佛是誰」，睡覺也「念佛是誰」，醒來也是「念佛是誰」，這就是「制心一處」。來果禪師禪七開示錄中也談到，假如參的是「念佛是誰」，就把這句話當作一頭蠻牛，你不制服它，它就跑了。要時刻抓住它，漸漸它就會乖乖的聽話。這種修行，只有出家人能做得到，在家眾千萬不可，如果一個普通人，對工作不認真，對家庭不盡心，時時刻刻要談玄講悟，是不合理不如法的。

所以我們除了「空」，還要修「有」，怎麼講呢？就是將理念在生活中落實。我認為還是要有次第的，所以我有八個字，送與各位：「由近至遠，由小至大。」所謂「由近至遠」就是先從自己的家人做起，孝順父母，友愛兄弟，夫妻恩愛，長幼有序。更要愛護自己的孩子，關心教導自己的孩子，讓他們在健康快樂的環境中成長。有餘力則還須幫助社會上無依無靠、老弱婦孺。所謂「由小至大」呢？例如扶起一個摔倒的小孩，給一位傷心的人幾句安慰的話，雖然是「小」事，卻也是好事。每天都可以做，時時都可以做。但是有能力的人，當然可以做更大的事情：修橋築路；起養老院、孤兒院；蓋學校、護持教育；倡導社會善良風氣，都是「大」善。劉備也說：「莫以善小而不為，莫以惡小而為之。」我們愛人由親到疏，無有間斷；做好事由小至大，不求回報。日積月累，氣質自然變化，這才是真正的修行。恩師樂果老法師常道：「身口語意不造孽，不惱世間諸有情，正念觀知欲境空，無益之苦應遠離。」

現代教育與儒佛會通

大學是培養高級知識分子的搖籃，必須具有崇高的理念。中國教育一向以傳道、授業為經，以解惑、開慧為緯。如今一般大學的理念，則是沿襲自西方大學，具備教學、研究和服務三個層面。大學的制度傳入中國已近百年的歷史，由於東、西方的歷史文化背景不同，我認為，如果把中國的教育理念加進去，就更加符合我們的民族精神。《論語》中有云：「大學之道，在明明德，在新民，在止於至善。」真是最高的教育原則，因此我主張，中國的大學教育，除了教學、研究、服務外，還應該另加一項「明德」。

東西方的民族性是不同的，西方人崇尚自由民主，大學強調教授治校、學生自治。因此，教師有教師會，學生有學生會。西方人普遍強調獨立，從小對孩子們的獨立生活素有訓練。例如，嬰兒啼哭，媽媽們不會輕易的去哄抱孩子，五、六歲的小孩單獨睡一間房間，玩具要自己收拾，吃飯後需幫忙擦拭盤碟，大孩子則需幫忙洗碗。洛克斐勒的孫子，也是從小賣報打工賺取零用錢。不到二十歲的年輕大學生，已經可以揹著行李跑遍世界，看起來十分成熟老到，任何事都可以自己處理，有困難都可以自己解決。自由民主獨立的傳統精神在其教育方式上，表現得一覽無遺。

東方人的傳統教育是一種「護航式」的。孩子們從小缺乏獨立自主、研究解決問題的基本訓練。大多數的孩子不是在父母親的威權下，便是在呵護溺愛中成長，中國的家庭教育比較欠缺一種中庸之道。所以很多已進大學的年輕人，待人處事還缺乏經驗，顯得不太成熟，也不夠圓融。因此仍然需要好的老師多付出一份關愛，陪伴他成長。此外，中國人的傳統教育，必須考慮一種道德倫理價值觀的傳承。中國人做學問不單純是為了學術，同時也是為了一個崇高的理想和目標，做一個完人，服務全人類。西方人則比較偏重於專業技術的傳授，專業的學術理論是中性的，所以與做人處世比較沒有關係。因此西方的大學教育與人生不太相干。中國人師生之間的情誼比較深厚，學生也比較有尊師重道的觀念。傳統教育更是要求教師以身作則，言教與身教並重。德國 Bochum 大學的 Kunze 教授，聽到他的中國學生，孟憲鈺博士告訴他，「一日為師，終身為父」時。竟感動得掉下淚來。最近中央研究院請來加州理工學院的陳長謙教授，許多年前我也聽說，他希望做中國人的老師。中國教師身負傳授學生的專業技術外，並對他人生關懷，不單做經師，也要做人師，所以師生間的互動關係親密，師道亦被列為五倫之一。

東西方的教育各有優缺點，所以我們擷長補短，中國人需要向西方學習的，是客觀的獨立思考的訓練。但傳統的倫理教育，和對人文精神的重視，我覺得是非常值得推崇的，當今之世，更有待加強。

華梵大學提倡覺之教育（或稱為覺性的教育），是具有時代意義的。何謂覺之教育呢？狹義而言：覺就是知覺，人人皆有知覺，人之異於禽獸者，是人有意識，能思想造作，分辨是非，懂禮義廉恥，當人在基本生活條件都滿足以後，應有一種自我實現、成聖希賢的願望，這就是覺，也是世上一切宗教勸人為善的根本動力。

佛陀在菩提樹下成道後的第一句話便是：「奇哉！奇哉！一切眾生，皆有如來智慧德相。」所謂如來智慧德相，也就是覺性。其實梵語「佛」字 Buddha，譯成漢文就是「覺」，而佛陀即是覺者，而覺之教育，就是「成佛之道」。

古文中，「覺」之一字，通「學」，所以覺即是學，而學即是覺，明朝藕益大師註釋四書云，「學者，始覺也。」

覺什麼呢，簡單而言，是覺悟無常、苦空、無我、涅槃寂靜。依自覺性的高低，可將人分為：自覺、覺他、覺性圓滿三種。一般凡夫不覺；二乘人（羅漢、辟支佛）自覺；菩薩不但自覺，尚可覺他；至於佛呢，自覺覺他，而且覺行圓滿。「自覺」是生命的自我實踐，如《大學》中之明明德；「覺他」是度化眾生，亦即在親民；「覺性圓滿」是佛陀成正覺的最高境界，亦如儒家的止於至善。曉雲法師常云：「儒佛如雙燈拱照」，其實真有互相融通處。

覺，是有層級次第的，佛經中「三十七道品」中有七覺支，1.擇法覺，就是一切事理，需以智慧觀察。2.精進覺，就是「無有休息，無有疲厭……而能深入一切法門。」3.喜覺，深入法味，法喜充滿。4.除覺，消除煩惱，定生菩提。5.捨覺，人世無常，幻而不實，即不生執著，不即不離。6.定覺，即禪定，分為世間禪、出世間禪等多種。7.念覺，定慧雙修，不執不離。仔細觀察這七種覺支，是有條不紊，井然有序的，由擇、精進、喜、除、捨而至定、念，是從粗至細，從外而內的修持。

今天的臺灣社會，倫理親情普遍不受到重視，家庭教育基礎薄弱，無所謂上下尊卑，我覺得這是社會的亂源。儒家提倡四維八德、忠恕精神。而今國家意識模糊，人人以自我為中心，正是與夫子背道而馳。雖然信佛的民眾甚多，對於佛家提倡慈悲平等、啟迪智慧、淨化人心的濟世思想，卻不能貫徹實行。

儒佛二家，皆重視培養完人的教育，拓展心靈智慧，而其目的都是為了「利益眾生」，甚至可以犧牲小我。范仲淹提出「先天下之憂而憂，後天下之樂而樂」，而佛家亦有「不為自己求安樂，但願眾生得離苦」之宏誓。這種理論與學說，不單對人文學者重要，對其他各行各業的技術人員亦需要，正所謂「源頭活水」，儒佛教育，可以提供人類心靈憩息之所，大學的通識課程，理當特別加以重視。

不斷呼呼出聲的曉雲法師

與曉雲導師認識，已經有二十六年整了。來到華梵大學後，更對她老人家的生活、學養及理念，有了進一步的了解。仁朗法師提出為老人家慶祝生日，我覺得意義更是非凡。因為八月一日華梵學院剛獲得教育部通過，正式改名大學。這是一件令人歡欣鼓舞的事情，因為華梵大學是中國佛教史上第一所大學。無疑的，這也是給老人家最好的一份生日賀禮。

導師自幼十分嚮往教師的工作。未出家前，曾立下一生奉獻教育的宏誓。寰宇周行後，依止倓虛大師名下披剃，當時雖然在藝術上已有不凡的成就，獲得嶺南女畫傑的美譽，卻心心念念不忘教育。她自印度歸來後，即向香港英國政府租來一座徒置區的天臺，義務教授當年大陸流亡至港的難胞子弟，稱之為天臺小學。其後，在香港還辦過兩所中學。

民國五十六年導師接受文化大學張其昀創辦人邀請，來臺任教於文化大學佛教文化研究所整整一十七年。這段時間，她又商得永明寺信定法師同意，借得永明寺一隅，創辦蓮華學佛園，以續佛慧命，紹隆佛種，導師為人處世，不喜誇大宣揚。然而一旦開始做的工作，則無論如何的艱難，也絕不間斷。她常說：「做有意義的事情，要好像放炮仗一樣，不要只是呼的一聲就完了，要繼續不斷的發出呼、呼、呼、呼的聲音。」蓮華學佛園成立至今，現在已有九屆畢業生，卻從不曾登過報刊雜誌招生，來報名的學生也從不曾缺少過，甚至還遠來自世界各地。除了佛經及四書等課程外，蓮園同學以繪畫及音樂為必修功課。導師擅長禪畫，更首創「現代經變圖」，每年舉辦一次清涼藝展，藉畫宣道，如今已辦過二十三屆。民國八十二年，清涼藝展應湖南佛教會之邀，在長沙古麓山寺盛大舉辦，來自文教界參觀者逾數萬人之眾，是兩岸民間團體文化交流的一件盛事，導師卻從未宣傳過。民國六十九年導師在石碇光明山設立華梵佛學研究所，也是教育部第一所核准成立的佛教研究所，而每兩年舉辦一次的「國際佛教教育研討會」，至今不曾間斷，已經整整辦過十屆了。

曉雲導師對於教育文化最卓越的貢獻，自然是民國七十九年華梵工學院的成立，當時是佛教界所創辦的唯一高等學府。更可貴的，今年已獲改名為華梵大學，是佛教傳入中國兩千多年來的第一所大學，創造了中國佛教教育史上的新頁。

在導師身邊，最受感動的是她的宗教情操。她律己極嚴，對於戒律更是護若明珠，特別重視。她曾一再叮囑我，每天至少要搭一次衣，以提醒自己是個受了戒的人。每天做早課前，她是不許任何人和她講話的。甚至有一年重病入院，她躺在病床上無法搭衣，也要把戒衣蓋在身上，撫摸著來誦經。

曉雲導師崇儒尚佛，常謂儒佛如雙燈拱照。是以深入經藏，教演天台，特別重視積極宏法利生的菩薩精神。提倡覺之教育，期以此端正社會風氣，淨化人心。她真稱得上是「學而不厭，教人不倦」。對於新知識、新科技，不但不排斥，甚至如海綿一樣，能夠快速溶化吸收。她不單研讀經論古籍，也讀現代新書，尤其是有關教育方面的文獻典籍，她都仔細的研讀，還用黃色貼紙記下重要的章節，在月明軒，我們不難發現一本本被黃色貼紙夾得厚厚的書籍。有時當我看到一些好文章給她時，隔不到兩天，就可以聽到她的評論了。

至於演講稿，她更是特別的慎重，因為擔心別人聽不懂自己的廣東腔，常花上許多時間準備手稿，經常還會修改好幾次，力求用詞遣字簡潔明瞭，以方便年輕人閱讀。若在講經前，也會準備好些卡紙，紀錄下重點，以便演講時加以發揮。

曉雲導師參加學術會議時，聆聽別人的演講，特別認真專注。雖然耳力不甚佳，但她卻用神傾聽，還寫下感想。為了避免遺漏，常令侍者坐在她身後紀錄。無論是國際佛教教育研討會、天台宗學術研討會、或是覺之書院的專題演講，她都幾乎從不缺席。如果同時有好幾場演講時，她會選擇最具教育意義的去聽，同時還會熱烈的參加討論。演講時，八十多歲的老人，從不曾顯露過疲態，真是不可思議，令年輕人自嘆弗如，也著實令人感動和欽佩。

對於提攜後進，導師稱得上是不遺餘力。每年東研所入學口試，她都要親臨面試。對每一位同學，她都要花不少精神個別談話，並以卡紙留下紀錄。當她遇上有特殊專長的同學，會顯得特別愉快。記得她曾讚嘆過一位熟讀《易經》的彭同學，也曾發現一位擅長古琴的馬同學，她對這些年輕人都會特別加以鼓勵，並用心栽培。

導師每每工作起來，就全心投注，如醉如癡，不肯歇息。她經常為了寫字、作畫或是寫文章，忘了用餐、或是熬到深夜。最近她發現了一本早年的日記，告訴我們說，原來她在四十多年前，就是如此的為工作而廢寢忘食了，她不諱言自己是個工作狂。當有些居士抱怨著說，見不到師父的面，並說她不像其他的大師們，常常與信眾們聚會時。她會抱歉的說：「你們的師父是一頭老牛，牛是常在田裡工作的啊。」

對於學校的事情，老人家也事無鉅細，件件關心。雖然八十五歲高齡，她常童心不泯，步行山徑，不需拐杖，能健步如飛。腦筋記憶力也特別強。我們戲稱她為電腦，而創造力則是源源不斷。她不辭辛勞，事必親躬，忍人之不能忍，真是超乎常人。怪不得教育部的改大審查意見表中提到，創辦人為宗教、藝術、哲學及教育等大師。

導師生於民國二年，今年虛齡八十五歲。在她老人家華誕前夕，謹衷心祝禱祈求佛力加被導師，身心安泰，福壽康寧，成就一切心願，同時也祈求華梵大學建校所有困難早日克服，而覺之教育亦能早日實現。

從《法華經》的譬喻談佛陀的教育

佛陀成道後，講經說法四十九年。最後的八年，是在王舍城耆闍崛山中，演說《妙法蓮華經》。依天台宗的說法，這是一部「成佛的經」，所謂「開權顯實，會三歸一」的大乘經。這部經典，引申了不少佛陀施教的方法，對於現代教育也有相當的啟示作用，本文僅就一些淺顯的譬喻，歸納成幾個重點，把佛教教育的深義點出，提供研究參考。

佛陀座下，也有不受教之人

對於不受教化的學生，老師們難免會產生挫折感。即使再用心，也不可能令每個學生都樂於接受教導。上課時，我們常見有打瞌睡、交頭接耳、心不在焉的學生，不覺心灰意冷。其實每個學生的資質和天賦有所不同，即使舌燦蓮花，也無法使所有學生滿意。長此以往，若因此影響情緒，防礙了教學品質，對認真的學生是不公平的。《法華經》中就有個值得參考的案例。

當如來將說《法華經》，讚嘆是經微妙，不可思議，眾生不易領悟信解。當時佛陀的大弟子舍利弗，慇勤再三懇請佛陀，為大眾講解《法華經》。座中有五千位四眾弟子站了起來，禮佛告退。這五千眾不都是佛陀的弟子嗎？為什麼正當佛陀要開示「成佛之道」時，卻離席而去呢？原因是這些人心態上傲慢，認為自己的成就已經很了不起，他們不配接受更好的法旨。就好像平常一些自視聰明的學生，得少為足，只要求六十分及格就滿足了。

法雨潤人華，等施無差別

每個人生來的資質各有不同，〈藥草喻品〉中闡釋得最為清楚。在此先引一段經文：「譬如……卉木叢林，及諸藥草，種類若干，名色各異。密雲彌布，遍覆三千大千世界，一時等澍，其澤普洽。卉木叢林，及諸藥草，……諸樹大小，隨上中下，各有所受。一雲所雨，稱其種性，而得生長。華果敷實。雖一地所生，一雨所潤，而諸草木，各有差別。」

如來的教化，雖然對一切眾生都是平等的，但是由於眾生的根性不同，接受佛法的領悟就不一樣。好比自然界中的卉木叢林，有大樹、有中樹，還有小樹，雖然接受相同雲雨的滋潤，開的花，結的果，卻是不同的。例如聽聞佛法之人，有證得聲聞緣覺的，有證得辟支佛的，有證得菩薩的，當然也有成佛道的。所以佛說：「如來說法，一相一味，所謂解脫相、離相、滅相、究竟相至一切種智。」

佛陀無限的慈悲，因機逗教，無論眾生的根性如何，佛「不捨眾生」，都會給予他適當的教導。當前我們對年輕人的教育，也應當學習佛陀的慈悲精神，靈活的針對不同的案例而施教，除非不得已，盡可能不要放棄。

人人有佛性，個個都尊貴

佛陀肯定人類的潛質潛能。《法華經》中〈貧子衣珠〉的故事，說明人有佛性，是十分尊貴的，實則與開悟得道的佛陀無異。只是凡夫不認識自家珍寶。就像那四處乞討，但求衣食溫飽的人，完全不知道自己衣服上，縫有一顆價值萬金的明珠，因此也無法享受到富裕的生活一樣。我們與生具來的佛性，就好比這顆明珠。因為我們的無知，致使明珠蒙塵，只要發心發願，精進不懈，終有成佛的一天。

這一則故事，給我們的啟示，是肯定人的價值。對於自暴自棄、自卑心重、或是自信心不足的人，是有激勵作用的。因此教育工作者，也不要輕易的放棄任何一個學生，也應適時鼓勵他上進。

化身為伙伴，循循以善誘

〈信解品〉中，描述一位與父親失散的兒子，沿街乞討數十年。父親為大富長者，到處尋訪日夜思念的愛兒，終於有一天父子在某城相遇。父親認出兒子，心痛他以乞討為生，擬派人迎回。但貧兒不認識父親，以為是王公貴族，要來捉拿他。看見派來的人，就嚇得昏倒在地，大喊：「我沒有犯法，不要抓我。」父親了解兒子的卑微心態，就先放了他。然後派兩個窮苦人去找他，邀他去大富長者家除糞，給他優厚的工資，他歡喜的去了。這位父親為了方便親近和教導愛兒，穿上粗布衣服，和他一起除糞。貧兒努力工作，心量日益寬大，並學會守倉庫。父親見兒子已有能力承繼家業，就把他們的關係昭告親友，並宣佈他為繼承人。我們就如同走失的孩子，佛陀大慈父為了調教我們的心性，化成我們的模樣，在我們之中行道教化。當我們的智慧增長後，才告訴我們實是佛子，將來亦能成佛。

這個故事中最富教育意義的，就是父親沒有立刻強行使兒子就範，來接受他的安排。而是利用善巧方便，與他生活在一起，慢慢的開導他，直到他完全脫胎換骨。甚至不惜屈就和兒子一起做個除糞工人。這種高貴的情操，是值得我們教育工作者學習的。此外，佛陀利用「除糞」，來暗示我們應當清潔心中的污穢。

善意的謊言，只為度眾生

佛陀的壽命其實是無限的，為了度化頑強眾生，顯示寂滅，而實際上佛陀並無生滅。如〈如來壽量品〉中的大良醫，因為他的孩子們不慎服毒，命在垂危。良醫特製各種美味藥草，令孩子們服用。有些孩子神志尚清，服用後，藥到病除。可是有些孩子毒氣深入，失其本心，不肯服用良藥。仁慈的父親只得假裝要作長途旅行，把藥草交給孩子，勸其服用。又託人告子，父親已經客死他鄉了。失去父親的兒子沒有了倚靠，悲惱憂戚，傷心之餘，必須自救，才服下了藥草。而實際上，父親仍在孩子們的周圍，隨時關心著他們的健康成長。這一位父親，並沒有說謊的過失。他只是利用機智，讓孩子們服用良藥而獲救。

善巧用方便，度眾離苦海

《法華經》中常為人引用的，就是〈譬喻品〉老宅失火的故事。有位大富長者的孩子們，陷入了火宅。他們無懼於堂舍崩塌，魑魅魍魎，一味耽於嬉戲，任憑長者如何勸說都不肯出來。此時長者只好投其所好，對孩子們說：「你們快出來呀，我這裡有羊車、鹿車、牛車，都是你們平常喜歡的，快來遊戲啊。」孩子們聽說，就很快跑出來了，脫離了災難的現場。

這時大富長者一高興，賜給每個孩子一部七寶莊嚴的大白牛車，孩子們從未見過。因為他們年幼無知，只認識羊、鹿、牛車，而未曾見過這等美好的大白牛車，得到寶車後，歡喜踴躍自不在話下。

這個故事，一則說明孩子們不聽父親的勸告，危在旦夕，父親只得投其所好，先用些權宜方法，帶領他們脫離災難。二則說明父親的慈愛是平等的，他的心中，每個孩子都一樣寶貝，所以孩子們得到的都是莊嚴美好七寶大車。雖不是他們原來期待的車子，卻給孩子們意外的驚喜。

努力不懈，必能成功

佛陀在《法華經》中常常提到過去佛和菩薩們，如何的精進行道。在〈安樂行品〉中，有一段這樣的經文：「如人渴需水，穿鑿於高原，猶見乾燥土，知去水尚遠，漸見溼土泥，決定知水近。」求道好比在高原上鑿井取水，是需要體力、耐力和毅力的。因為最初挖出來的全是乾燥的黃土泥石，經過許多時間，耗費許多精力，才能漸漸看到潮溼的泥土，這時可以料想到離水不遠了。我們無論求學創造事業，也要有高原鑿井的願力和決心，才會達到成功的目的。

休息是為了走更長遠的路

〈化城喻品〉中有一位賢能智慧的導師，他領著一群人到很遠的地方尋找寶藏。由於道路險惡難行，中途有些人因疲極而萌生退意。於是導師變化了一座大城，給疲倦的人們安歇，等到休息過後，精力恢復，繼續領導眾人去寶藏的所在。佛陀就是那位智慧慈祥的大導師。他「見諸求道者，中路而懈廢，不能度生死，煩惱諸險道，故以方便力，為息說涅槃。」然而，「既知是息已，引入於佛道。」

從此我們可以認識到教育方法和技巧的重要性。有能力的導師，會應用智慧來化解學生們的問題和困難，比方學生的程度不夠，可以由淺入深，逐步引他進入知識的寶所。

《法華經》中，還有兩則故事，有啟發的意義。一是〈龍女獻珠〉，在當時封建社會中，對女性的佛弟子，富有相當大的勉勵作用。因為龍女在獻明珠的一剎那間，便能成就佛果，可以說，令那些尚有分別心的阿羅漢，跌破眼鏡，不敢再輕視女人的能力與智慧。

另一則故事，是釋迦牟尼佛的本生事跡。過去世他曾為常不輕菩薩，從不輕視任何人。即使對待藐視他的人，他也一樣十分恭敬，並道：「我不敢輕於汝等，汝等皆當作佛。」那些人心生嗔恨，罵他打他，但他始終保持清淨無染的心，所以最後終於成佛。

佛陀是一位偉大的教育家，每一部佛經中，都有許多深富教育意義的譬喻、寓言、講解和說明。在此我僅就《法華經》，提出了一些淺顯的例證。

三民叢刊書目

①邁向已開發國家　孫　震著
②經濟發展啟示錄　于宗先著
③中國文學講話　王更生著
④紅樓夢新解　潘重規著
⑤紅樓夢新辨　潘重規著
⑥自由與權威　周陽山著
⑦勇往直前
・傳播經營札記　石永貴著
⑧細微的一炷香　劉紹銘著
⑨文與情　琦　君著
⑩在我們的時代　周志文著
⑪中央社的故事（上）
・民國二十一年至六十一年　周培敬著
⑫中央社的故事（下）
・民國二十一年至六十一年　周培敬著
⑬梭羅與中國　陳長房著
⑭時代邊緣之聲　龔鵬程著
⑮紅學六十年　潘重規著
⑯解咒與立法　勞思光著
⑰對不起，借過一下　水　晶著
⑱解體分裂的年代　楊　渡著
⑲德國在那裏？（政治、經濟）
・聯邦德國四十年　郭恆鈺、許琳菲等著
⑳德國在那裏？（文化、統一）
・聯邦德國四十年　郭恆鈺、許琳菲等著
㉑浮生九四
・雪林回憶錄　蘇雪林著
㉒海天集　莊信正著
㉓日本式心靈
・文化與社會散論　李永熾著
㉔臺灣文學風貌　李瑞騰著
㉕干儛集　黃翰荻著

㉖作家與作品　謝冰瑩著
㉗冰瑩書信　謝冰瑩著
㉘冰瑩遊記　謝冰瑩著
㉙冰瑩憶往　謝冰瑩著
㉚冰瑩懷舊　謝冰瑩著
㉛與世界文壇對話　鄭樹森著
㉜捉狂下的興嘆　南方朔著
㉝猶記風吹水上鱗
・錢穆與現代中國學術　余英時著
㉞形象與言語
・西方現代藝術評論文集　李明明著
㉟紅學論集　潘重規著
㊱憂鬱與狂熱　孫瑋芒著
㊲黃昏過客　沙　究著
㊳帶詩蹺課去　徐望雲著
㊴走出銅像國　龔鵬程著
㊵伴我半世紀的那把琴　鄧昌國著
㊶深層思考與思考深層
・轉型期國際政治的觀察　劉必榮著
㊷瞬　間　周志文著
㊸兩岸迷宮遊戲　楊　渡著
㊹德國問題與歐洲秩序　彭滂沱著
㊺文學關懷　李瑞騰著
㊻未能忘情　劉紹銘著
㊼發展路上艱難多　孫　震著
㊽胡適叢論　周質平著
㊾水與水神
・中國的民俗與人文　王孝廉著
㊿由英雄的人到人的泯滅
・法國當代文學論集　金恒杰著
(51)重商主義的窘境　賴建誠著
(52)中國文化與現代變遷　余英時著
(53)橡溪雜拾　思　果著
(54)統一後的德國　郭恆鈺主編
(55)愛廬談文學　黃永武著
(56)南十字星座　呂大明著
(57)重疊的足跡　韓　秀著
(58)書鄉長短調　黃碧端著
(59)愛情・仇恨・政治
・漢姆雷特專論及其他　朱立民著

⑨③陳冲前傳	嚴歌苓著
⑨④面壁笑人類	祖　慰著
⑨⑤不老的詩心	夏鐵肩著
⑨⑥雲霧之國	合山　究著
⑨⑦北京城不是一天造成的	喜　樂著
⑨⑧兩城憶往	楊孔鑫著
⑨⑨詩情與俠骨	莊　因著
⑩⓪文化脈動	張　錯著
⑩①桑樹下	繆天華著
⑩②牛頓來訪	石家興著
⑩③深情回眸	鮑曉暉著
⑩④新詩補給站	渡　也著
⑩⑤鳳凰遊	李元洛著
⑩⑥文學人語	高大鵬著
⑩⑦養狗政治學	鄭赤琰著
⑩⑧烟　塵	姜　穆著
⑩⑨河　宴	鍾怡雯著
⑪⓪滬上春秋	章念馳著
⑪①愛廬談心事	黃永武著
⑪②吹不散的人影	高大鵬著
⑪③草鞋權貴	嚴歌苓著
⑪④是我們改變了世界	張　放著
⑪⑤夢裡有隻小小船	夏小舟著
⑪⑥狂歡與破碎	林幸謙著
⑪⑦哲學思考漫步	劉述先著
⑪⑧說涼	水　晶著
⑪⑨紅樓鐘聲	王熙元著
⑫⓪寒冬聽天方夜譚	保　真著
⑫①儒林新誌	周質平著
⑫②流水無歸程	白　樺著
⑫③偷窺天國	劉紹銘著
⑫④倒淌河	嚴歌苓著
⑫⑤尋覓畫家步履	陳其茂著
⑫⑥古典與現實之間	杜正勝著
⑫⑦釣魚臺畔過客	彭　歌著
⑫⑧古典到現代	張　健著
⑫⑨帶鞍的鹿	虹　影著
⑬⓪人文之旅	葉海煙著

⑬①	生肖與童年	小　民著
⑬②	京都一年	喜　樂圖 林文月著
⑬③	山水與古典	林文月著
⑬④	冬天黃昏的風笛	呂大明著
⑬⑤	心靈的花朵	戚宜君著
⑬⑥	親　戚	韓　秀著
⑬⑦	清詞選講	葉嘉瑩著
⑬⑧	迦陵談詞	葉嘉瑩著
⑬⑨	神樹	鄭　義著
⑭⓪	琦君說童年	琦　君著
⑭①	域外知音	張堂錡著
⑭②	遠方的戰爭	鄭寶娟著
⑭③	留著記憶・留著光	陳其茂著
⑭④	滾滾遼河	紀　剛著
⑭⑤	王禎和的小說世界	高全之著
⑭⑥	永恆與現在	劉述先著
⑭⑦	東方・西方	夏小舟著
⑭⑧	嗚咽海	程明琤著
⑭⑨	沙發椅的聯想	梅　新著
⑮⓪	資訊爆炸的落塵	徐佳士著

⑮1 沙漠裡的狼

白樺 著

像在冷冽的冬夜裡啜飲著濃烈的茶，感受一種在蒼茫大地上，心海澎湃的震顫。那麼地古老、深沈，剎時間，恍若置身廣闊的大漠，一回首，就是長城。這是金鼎獎作家又一直指人性，內容深刻的作品，請您在一個適合沈思的夜晚，漫步中國。

⑮2 風信子女郎

虹影 著

一本能深刻引起讀者共鳴的小說，其必然與人世現實生活有著緊密的關連。本書作者秉持著對人的命運的關切，遠勝於對以往藝術形式的關注，賦予了文學創作的生命。從本書作者對人物刻劃描述的過程中，可窺知作者對此一理念的堅守。

⑮3 塵沙掠影

馬遜 著

生命的旅途中，有許多可掌握的機運，但似乎一半早已註定……。馬遜教授從故鄉到異國求學，最後來臺定居，繼而與佛結了不解之緣。滿懷豐富的情感，細膩的筆觸，深刻的寫下了旅赴歐美等地之點滴情事，而念舊懷恩之情愫亦時時浮現於文中。

⑮4 飄泊的雲

莊因 著

歲月的洗禮，在人們內心深處烙印著痛苦、悲哀、快樂與美好的回憶。由於時代的變動、戰爭的摧折，作者歷盡滄桑的輾轉遷徙，使那些漂流不定、幻化多變的過往，煥發出人生的智慧。就讓我們乘著飄泊的雲，領會「知足常樂，隨遇而安」的生活哲理。

⑮⑤ 和泉式部日記

林文月 譯・圖

本書為日本平安時代文學作品中與《源氏物語》、《枕草子》鼎足而立的不朽之作。書中以簡淨的日記形式，記錄了一段不為俗世所容的戀情。優美的文字，纏綿的情詩，展現出愛情生活中細膩的起伏感受與歡愁，穿越時空，緊扣你我心弦。

⑮⑥ 愛的美麗與哀愁

夏小舟 著

愛情之於女人，常常是引誘飛蛾撲火的明燈，是絢麗的毒花，可女人偏偏渴望愛情。作者列舉許多男女的愛情、婚姻故事，郎才女貌未必幸福，摯情摯愛未必有緣，只是男人與女人之間如同萬物的規則，一物降一物，鹵水點豆腐，魔高一尺，道高一丈。

⑮⑦ 黑月

樊小玉 著

丁小玎隨著所在的中國公司到國外做勞務承包。因為是公司的英語翻譯，加上辦事勤快，見了人又總是一個柔柔和和的笑，於是很快就引起當地大部分男人的注意；而小玎能否在心儀的外交人員與愛慕自己的餐廳老闆間找到最後情感的歸宿？……

⑮⑧ 流香溪

季仲 著

作者透過一群「沿江吉普賽人」在流香溪畔發生的動人故事，牽引出現代觀念與傳統文化的價值矛盾、中日文化的碰撞衝突、人與自然的挑戰，以及善與惡的拉扯等；全書行文時而如行雲流水，時而又如波濤洶湧，讀來意趣盎然，發人深省。

⑮ 史記評賞

賴漢屏　著

司馬遷《史記》一三〇篇，既是「究天人之際，通古今之變」的史學鉅著，也是我國古代傳記文學的精華。本書作者自幼即喜讀《史記》，從師學習，如今蘊藉已深，以其深厚的治學基礎，發為見解獨具的文采手華，帶領讀者一探《史記》博雅的世界。

⑯ 文學靈魂的閱讀

張堂錡　著

文學的力量使孤寂的心靈得到慰藉，貧乏的人生變得富有，唯有肯駐足品味的人才能透晰其所傳達出最深藏的祕密。本書共分三輯，窺視文學蘊含的殷情深意；感受其求新求變以及對大環境的價值。各自激發不盡的聯想與深沈的感動。

⑯ 抒情時代

鄭寶娟　著

在平淡無奇的生活中，你可曾留意生命中點點滴滴不平凡的小故事？作者以其平實的筆觸，刻劃出看似平凡卻令人難以遺忘的人生軌跡，你我都可能身在其中。書中情節所到之處，或許平凡、或許悲傷，但卻也不時充滿著生命的躍動，值得細細體會。

⑯ 九十九朵曇花

何修仁　著

人生有多少夢境會在現實中重複出現？是山間的樵歌？白雲間的群雁？還是昔日遠方純樸、悠閒的鄉間漫步？作者來自屏東，以濃郁深摯的筆調，縷縷細述人生中最動人的記憶，伴隨你我，步履於南臺灣的舊日情懷，一同感受人間最純摯的情感。

⑯③ 說故事的人

彭歌 著

這是作者多年來觀察文壇、社會與新聞界的肺腑之言。輯一故事與小說自不同角度探討小說寫作；輯二人與文刻劃出許多已逝人物卓然不凡的風範；輯三海外生涯則寫遊記、觀賞職籃等旅居海外之觀感。讀了此書，彷彿親身經歷了一趟時空之旅。

⑯④ 日本原形

齊濤 著

從明治維新以來，日本的一舉一動都對世界有著深遠的影響，尤其對臺灣來說，其影響更是巨大。作者長期旅日，摒除坊間「媚日」或「仇日」的論調，以客觀的描述，剖析日本的現形。對想要了解日本時勢與脈動的人來說，是不得不看的一本好書。

⑯⑤ 從張愛玲到林懷民

高全之 著

作者以嚴謹誠虔的態度，客觀分析的筆調，來評論臺灣當代小說，深深讓讀者了解近代文學的特點，進而深入九位作者的作品中，提供一些深刻的創見，帶領你我欣賞文學的美與實，進而體驗文學對生命喜悅、悲哀等生動的描述。

⑯⑥ 莎士比亞識字不多？

陳冠學 著

莎士比亞識字不多！一直以來被誤認是個偉大的作者。讀過本書，應能還莎士比亞一個清白，他絕對不是一個掠美者。這把聖火在臺灣重新點燃，希望將來這聖火能夠由臺灣再度傳回英國，傳到世界各地，也好讓莎士比亞的靈魂得到真正的安息。

⑯⑺ 情思・情絲

龔華 著

「妳，像野薑花；清香，混合在黎明裏，催我甦醒。沒有妳，我睜不開眼睛，走進陽光的世界。她，是我在黃昏裏，永遠踩不到的影子。像夜來香，惑我走進黑夜的濃郁……」本書集結了龔華在〈中副〉發表的散文，篇篇情意真摯，意境深遠，值得細細品味。

⑯⑻ 說吧，房間

林白 著

一個是離婚、失業的中年婦女，一個是愛熱鬧的單身貴族。兩個背景、個性迥然不同的女子，為何會發展出一段患難與共的交情？且看兩個女子的心情告白。本書在作者犀利細膩的筆調下，深刻描繪出都會女子的愛恨情仇、悲歡離合，值得細細品味。

⑯⑼ 自由鳥

鄭義 著

六四事件的悲憤情緒才剛平復，對八九民運功過的批判聲音竟已隨之響起。對此，大陸流亡作家鄭義，以一幕幕民運歷程與鐵幕紀實，申訴著他的心痛與不平。文中流露對同胞的關懷和自由的嚮往，深深地牽引著每一個中國人心中的沈痛與感動。

⑰⑽ 魚川讀詩

梅新 著

詩是抒情的天堂，但並非每個人都能領會其中的意涵。本書是梅新先生的遺作，首創以雜文式的筆調評論詩作，不依恃理論，反而使篇章更形活潑，有就事論事的評述，也有尖銳的諷喻，語帶機鋒，趣味盎然。引領您一窺知性與感性的詩情世界。

⑰ 好詩共欣賞

葉嘉瑩 著

本書作者葉嘉瑩教授，融會西方接受美學、符號學及中國詩論，來解讀陶淵明、杜甫、李商隱的作品，分析了三人作品的形象、情意和其中所含的隱微深意，並從興發感動讀者的角度來詮釋作品的成功與否，是喜愛古典詩的讀者不可錯過的好書。

⑰ 永不磨滅的愛

楊秋生 著

現代人的生活壓力大，使得人生危機四伏，生活充滿徬徨、疲倦和無力感。如何化解此一危機？作者以多年學佛的體驗，以及和家人朋友互動的點點滴滴，而了解到愛的真義，並希望能將愛分享給每個人，以重燃信心和希望。

⑰ 晴空星月

馬遜 著

大崙山上，晴空萬里，夜色如銀，星月交輝。作者因佛緣，追隨曉雲法師的步履，出掌華梵大學，以發揚佛教教育為己任。本書除叮嚀青年學子的話語外，還有對社會大眾闡發佛法精神的演講。其智慧的話語，如醍醐灌頂，為淨化心靈的一帖良方。

⑰ 風　景

韓秀 著

韓秀，一個出生於紐約，卻長年往返於世界各地的奇女子。在雅典、在開羅、在布達佩斯、在臺北、在高雄、在北京，作者皆能以其敏銳的心觀察她所造訪過的每一寸土地，以其向具纖細的筆觸，使一幅又一幅的動人「風景」躍然出現在您的面前！

⑰5 談歷史　話教學

張元 著

作者以二位高一新生對歷史課程的困惑為引子，藉著師生座談對話的方式，從北京人時代到西晉，針對高中歷史教材，試圖以「史料閱讀」的方法鮮明地建構各代的歷史圖像，在活潑的對白間既談歷史意涵又話歷史教學，相當適合高中教學的參考。

⑰6 兩極紀實

位夢華 著

任何人想要親臨兩極之地恐怕都不是件容易的事。作者因從事研究工作之便，足跡跨越兩極，將在極地所見所聞之動物奇觀、自然景致乃至當地所受文明衝擊，或以幽默輕鬆，或以深沈關懷的筆調娓娓道來，是無緣親至極地的讀者絕不可錯過的佳作。

⑰7 遙遠的歌

夏小舟 著

世上只有兩種人，男人和女人。然而男女之間的恩愛情仇，卻糾葛難解。本書作者以一篇篇幽默的短篇故事，道盡世間男女的愛恨嗔痴。在她細膩委婉的筆下，愛情的本質和婚姻的面貌都一一呈現，必可帶給你前所未有的感受與體悟。

⑰8 時間的通道

簡宛 著

「人生，是一條時間的通道，每一個人所走的方向和目標雖然不一樣，但是經過的路程卻是相似的……」當人們沈溺於歲月不待人的迷茫和感嘆時，作者平實的筆調將帶著我們對生活多用一點心思和一點執著，會使我們的「通道」裏，留下一點痕跡。

⑰⑨ 燃燒的眼睛

簡宛 著

作者以自身多年來在美國的異域生活為背景，輔之敏銳的觀察力、豐富的情感、濃郁深摯的筆調，從而幻化出一篇篇感人肺腑的故事。尤其對於旅居海外異鄉遊子們的心境描寫更是深刻動人，是一本值得再三玩味的小說。

⑱⓪ 月兒彎彎照美洲

李靜平 著

沒來美國時還不知那生活啥款；來了才知樣——啊！真夭壽！ 來到美國，是穿梭在黑白紅黃人群間；或在房裡看華語電視？是在壁爐邊吃耶誕大餐；還是窩伴著一桌熱火鍋？在忙碌的陽光下，可想起夜空裡一彎新月？月兒彎彎，訴說的又是誰的故事？

⑱① 愛廬談諺詩

黃永武 著

諺詩，是指用諺語聯成的詩，由於聯接巧妙加上意外組合，因此往往會有不可料想的妙趣出脫。如捉豬上板櫈，走馬看天花；成人不自在，做鬼也風流，等等。本書將帶你悠遊中國式幽默，探索諺語的源頭，喜愛好書的你，可千萬不能錯過！

⑱② 劉真傳

黃守誠 著

劉真，一位自四十年代開始影響國內教育最鉅的教育家。本書自劉真先生家學淵源寫起，隨著時間軌跡，記錄了他如何在風雨飄搖的年代裡為教育此類百年大業做出努力；因此雖然本書為劉真先生個人傳記，卻同時也是了解現今教育體制的最佳參照。

⑱③ 天涯縱橫

位夢華 著

以兩極生態氣候的研究為基礎，作者建構了此書的論理與想像世界。內容從極地景致、開拓艱辛及天文物理觀念，引申至有關宇宙天人及環保的許多想法，包容科學與文學，兼具知性與感性。讓您在詼諧而深切的筆調中，激發對地球的關懷與熱愛。

國家圖書館出版品預行編目資料

晴空星月／馬遜著.--初版.--臺北市
：三民，民87
面；　公分.--(三民叢刊;173)
ISBN 957-14-2781-0（平裝）

1.論叢與雜著

078　　　　87000809

網際網路位址　http://Sanmin.com.tw

著作人　馬　遜
發行人　劉振强
著作財產權人　三民書局股份有限公司
臺北市復興北路三八六號
發行所　三民書局股份有限公司
地　址／臺北市復興北路三八六號
電　話／二五〇〇六六〇〇
郵　撥／〇〇〇九九九八——五號
印刷所　三民書局股份有限公司
門市部　復北店／臺北市復興北路三八六號
重南店／臺北市重慶南路一段六十一號
初　版　中華民國八十七年四月
編　號　S 85423
基本定價　貳元肆角
行政院新聞局登記證局版臺業字第〇二〇〇號

ISBN 957-14-2781-0（平裝）